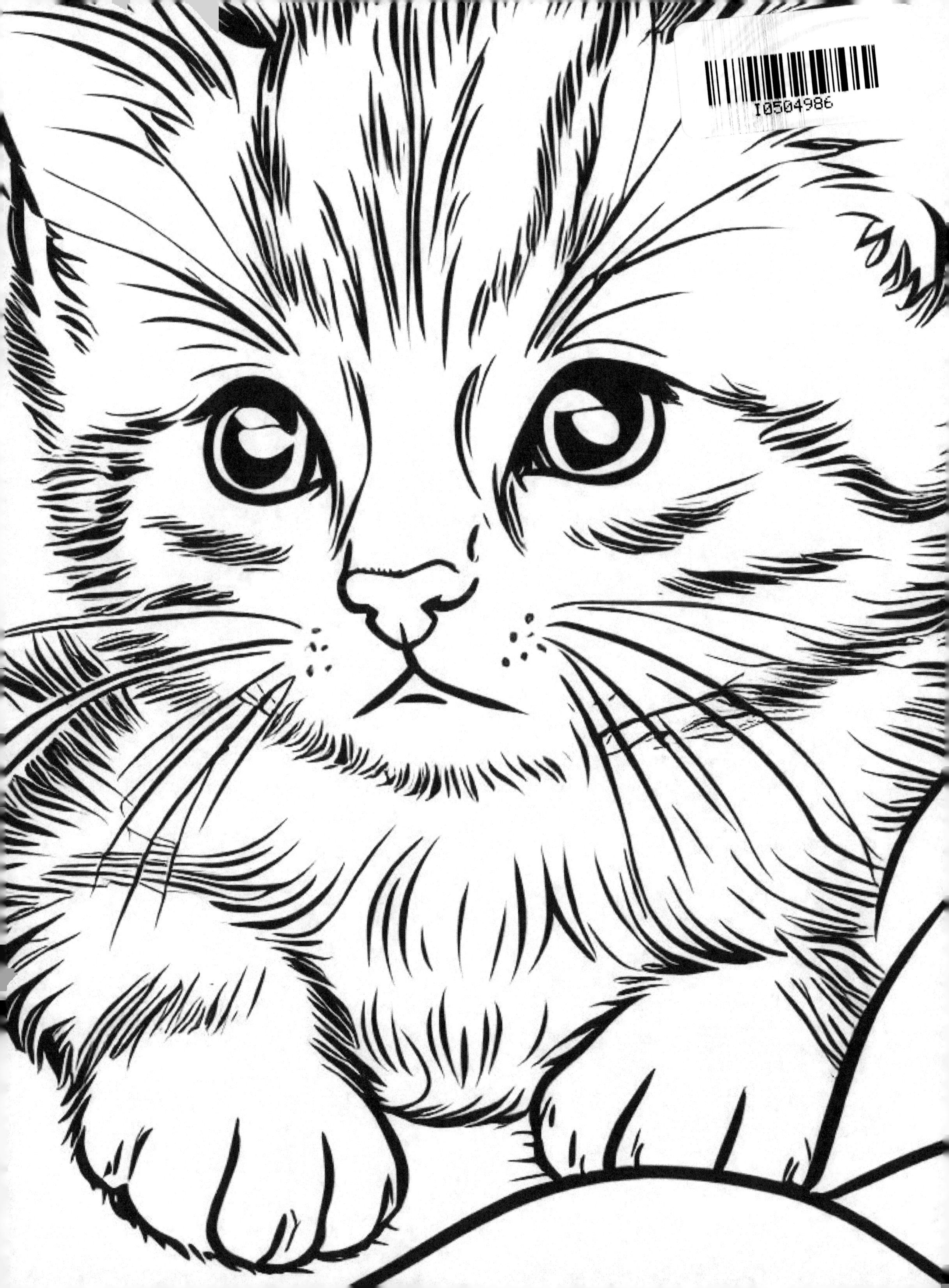

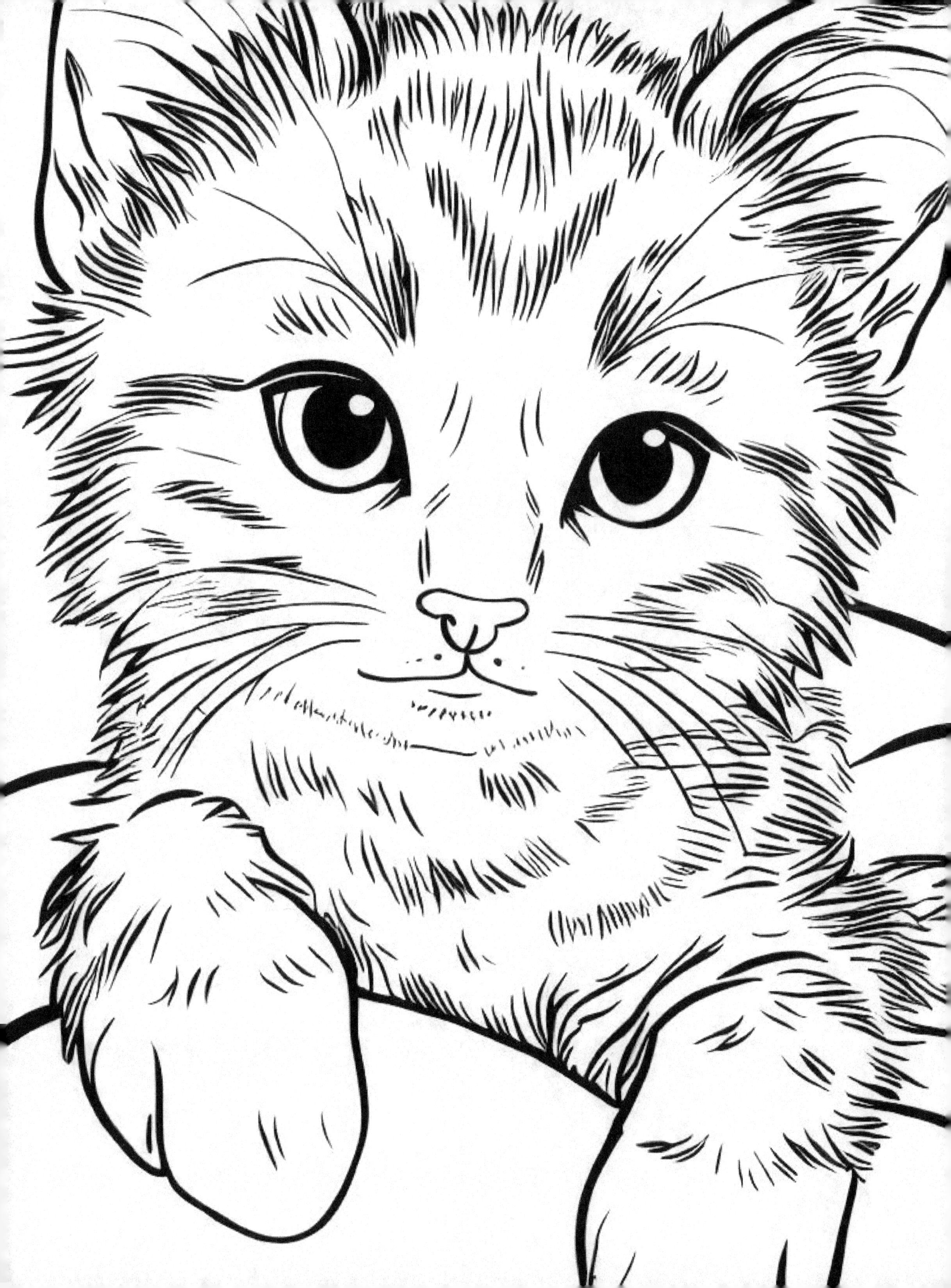

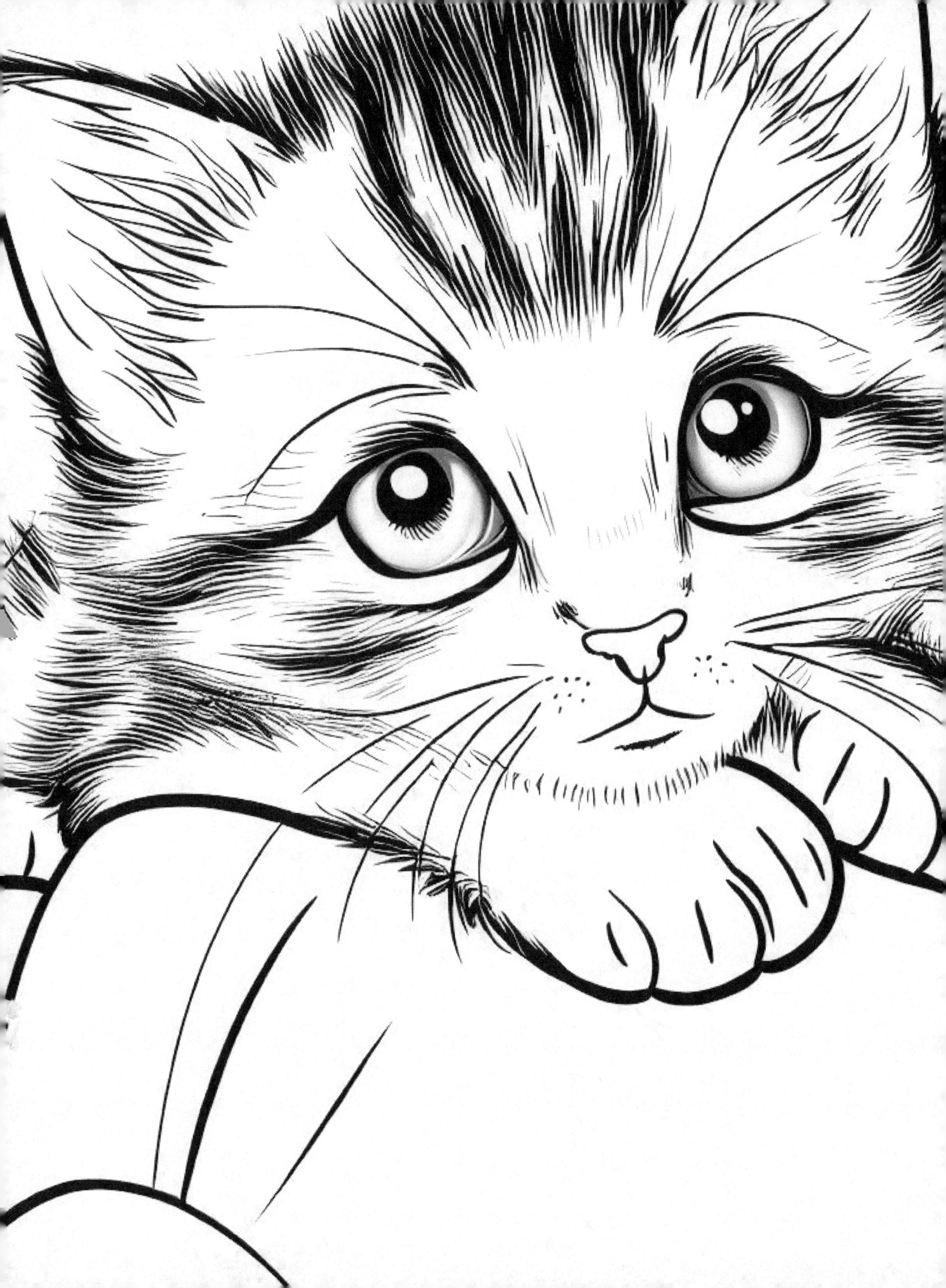

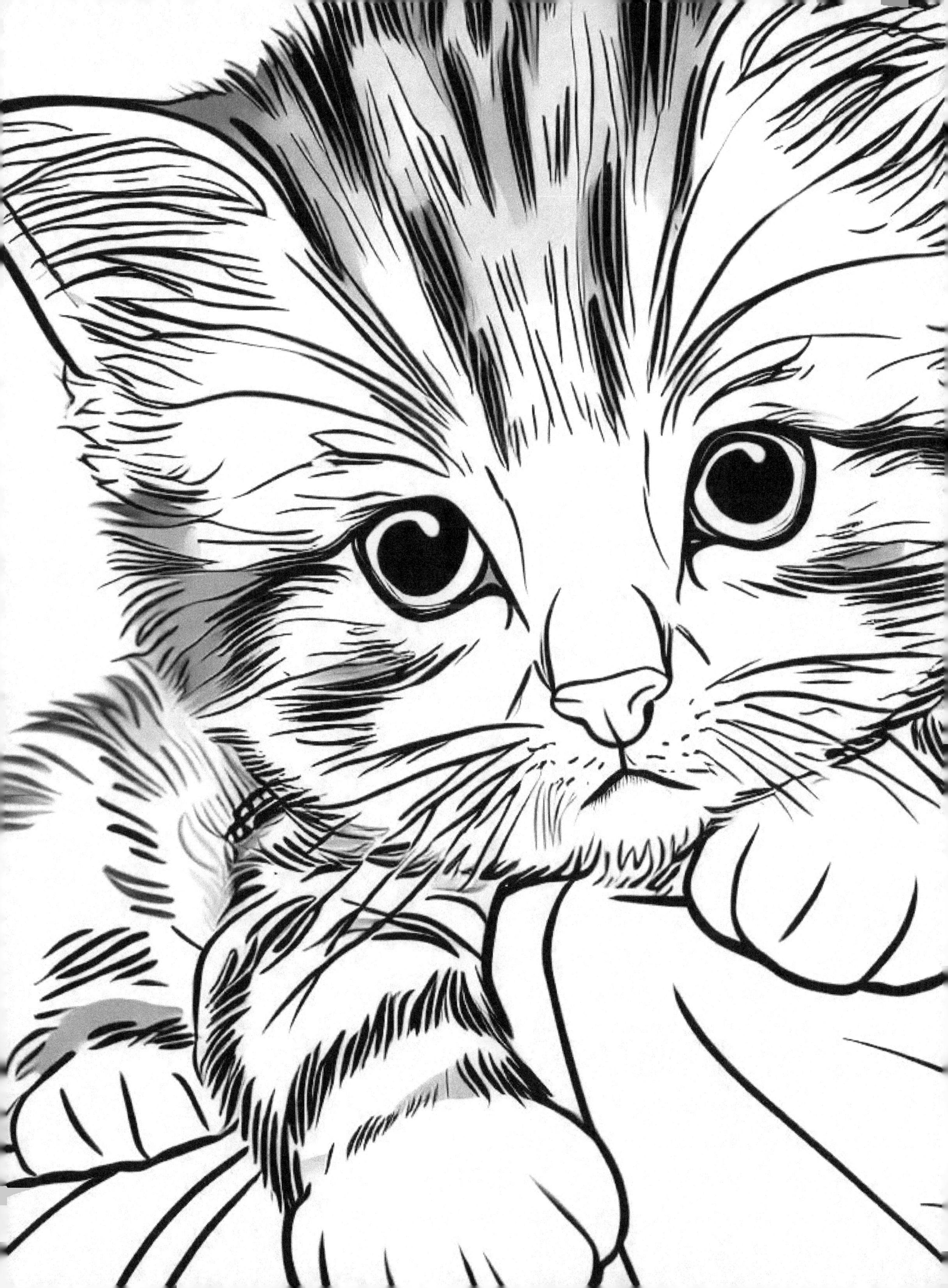

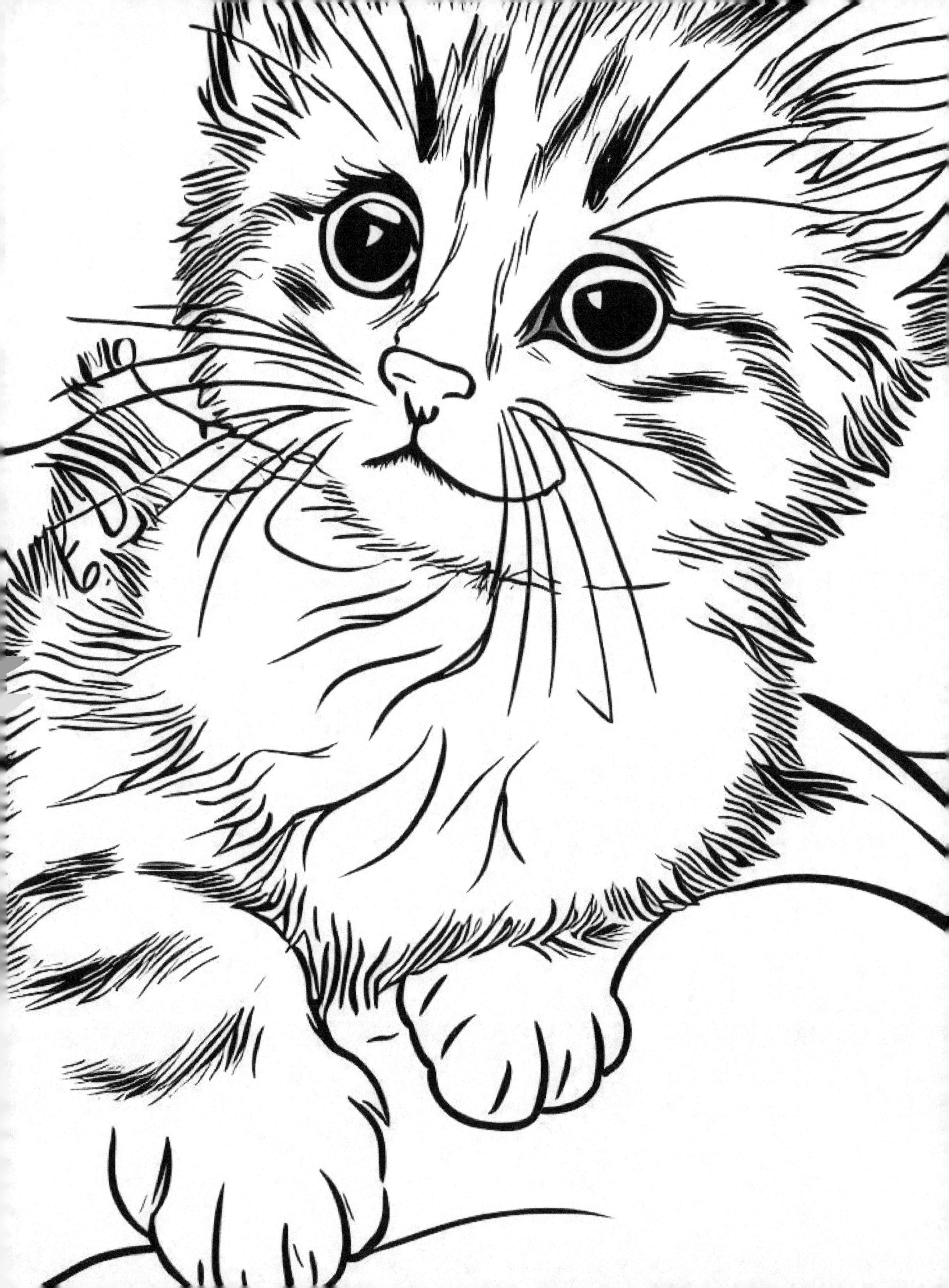

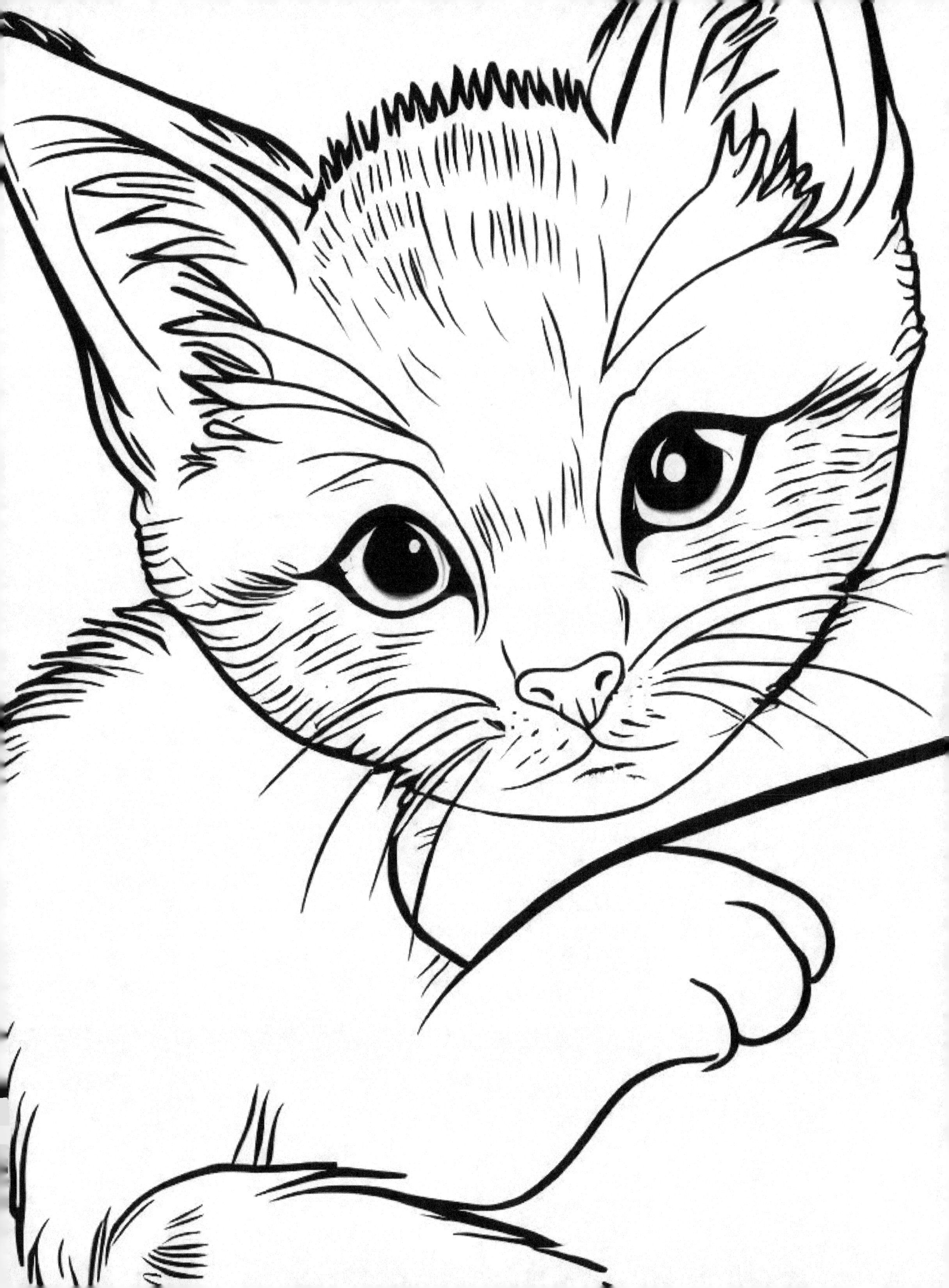

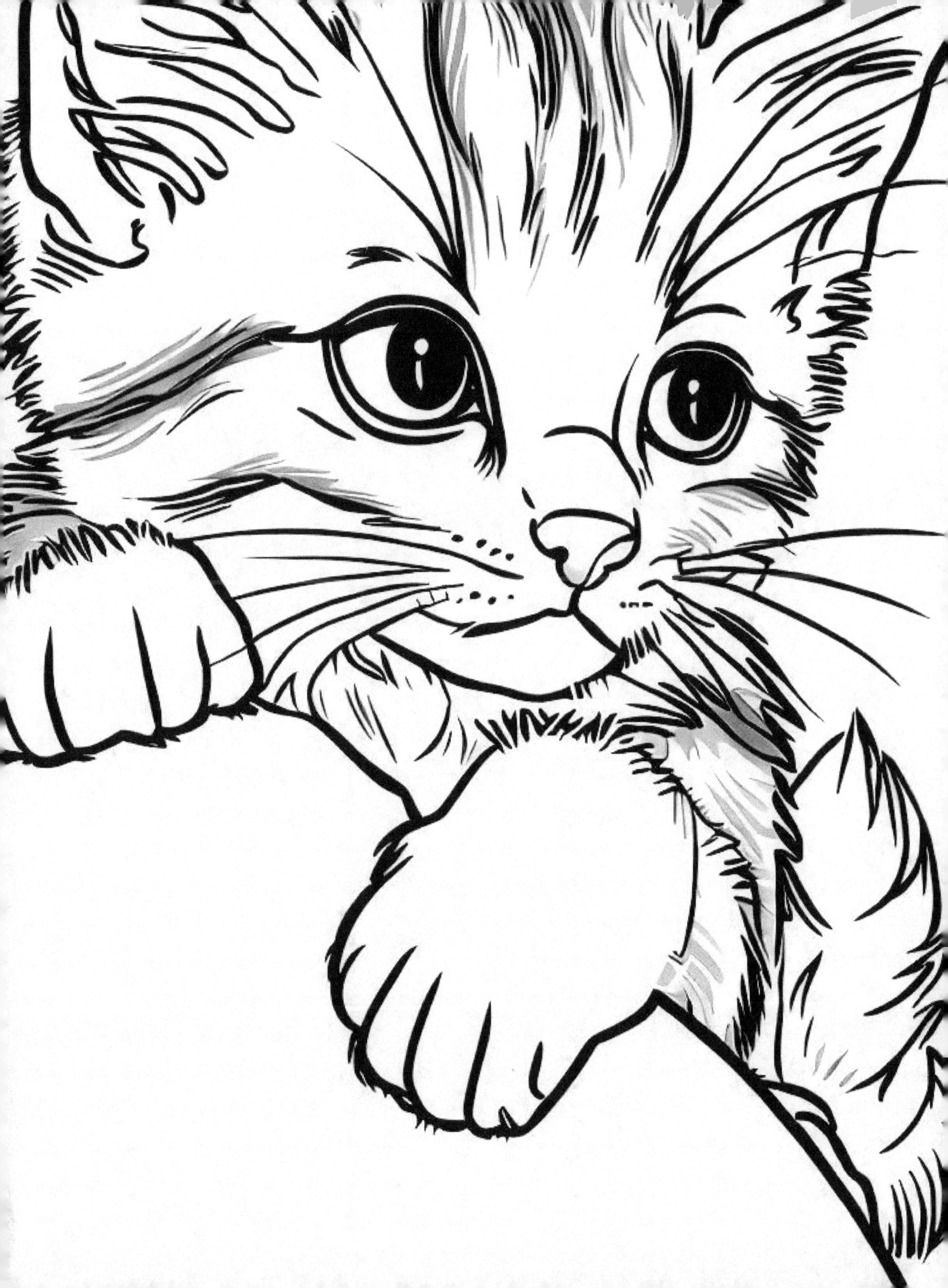

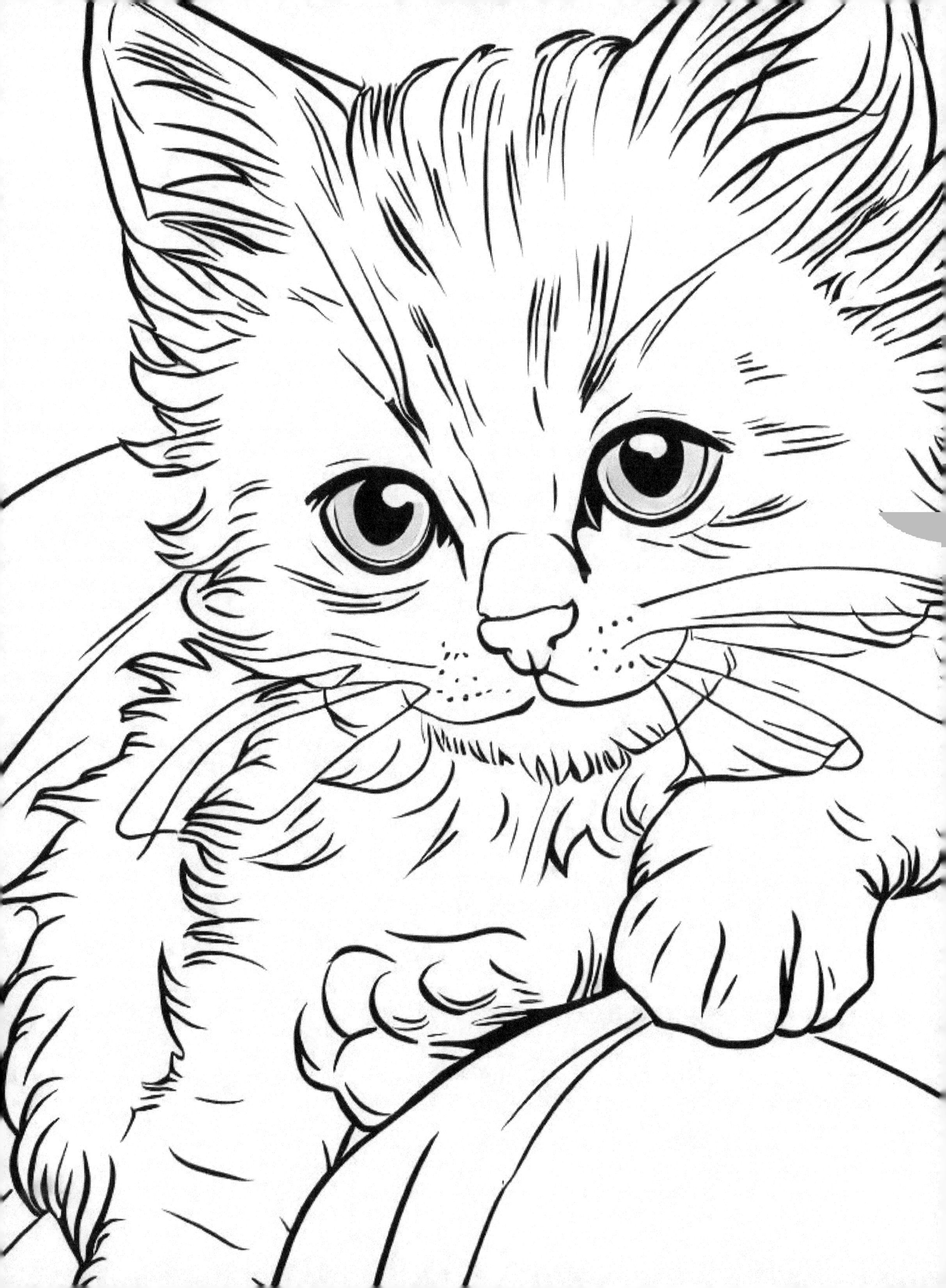

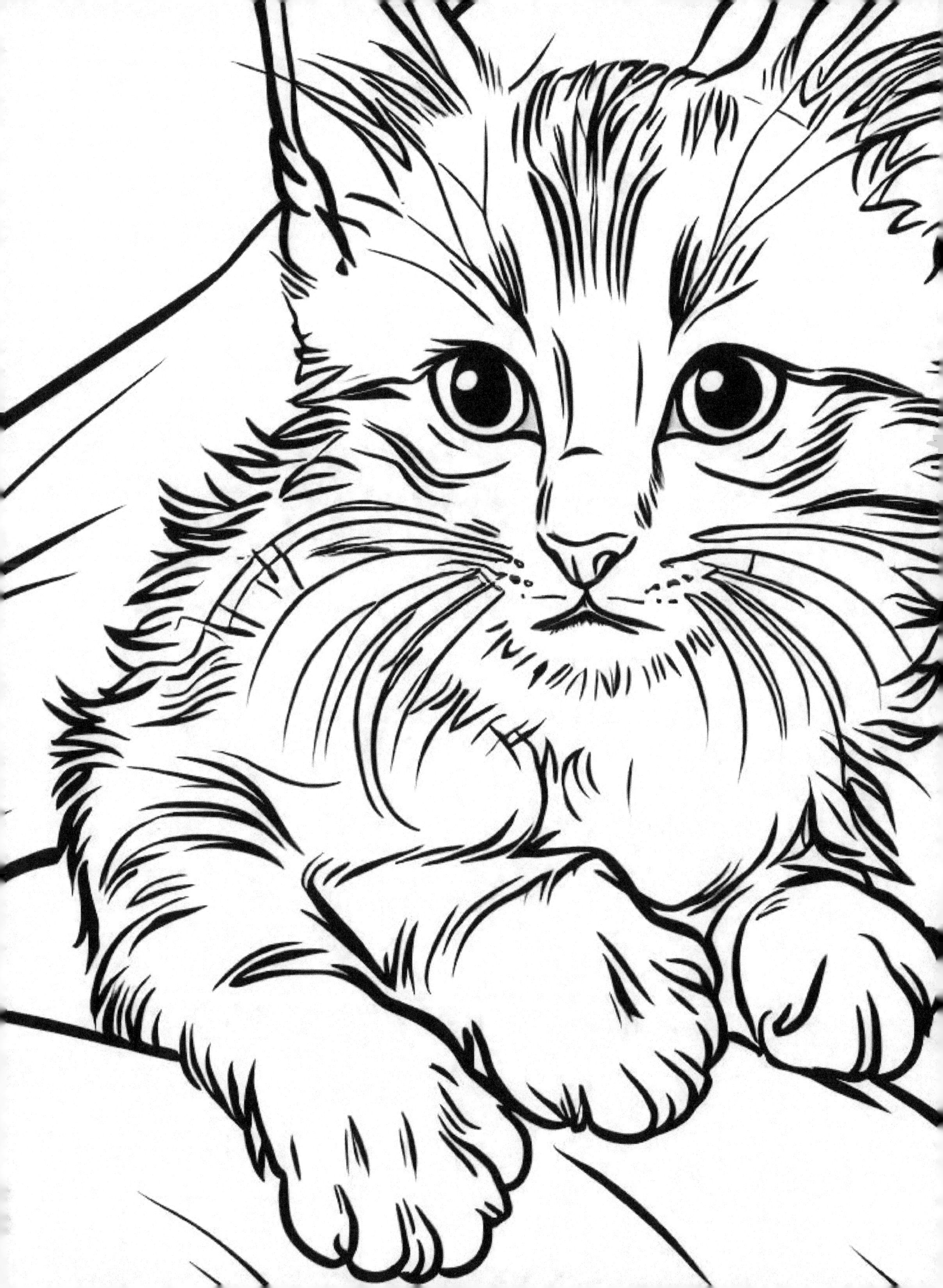

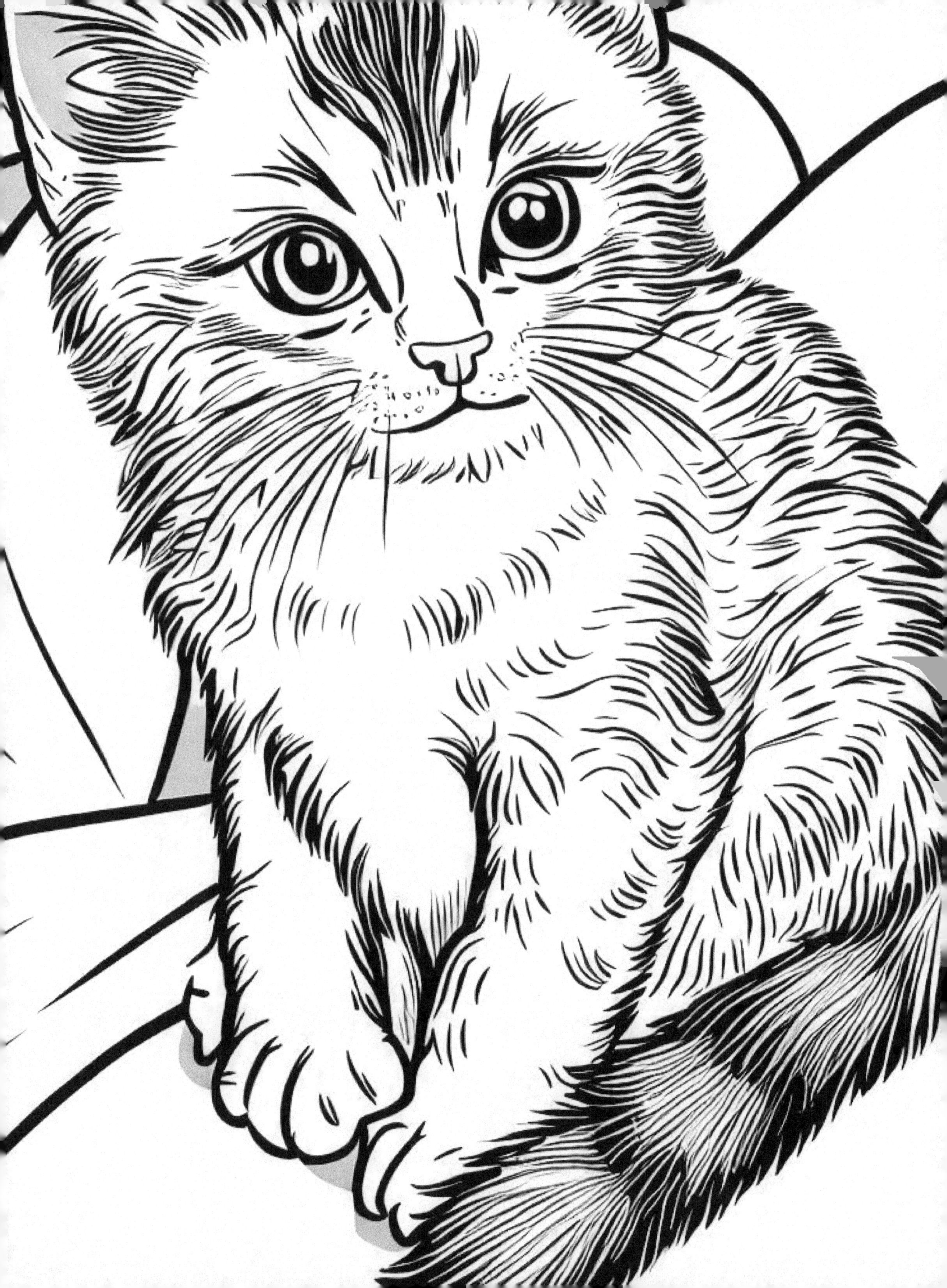

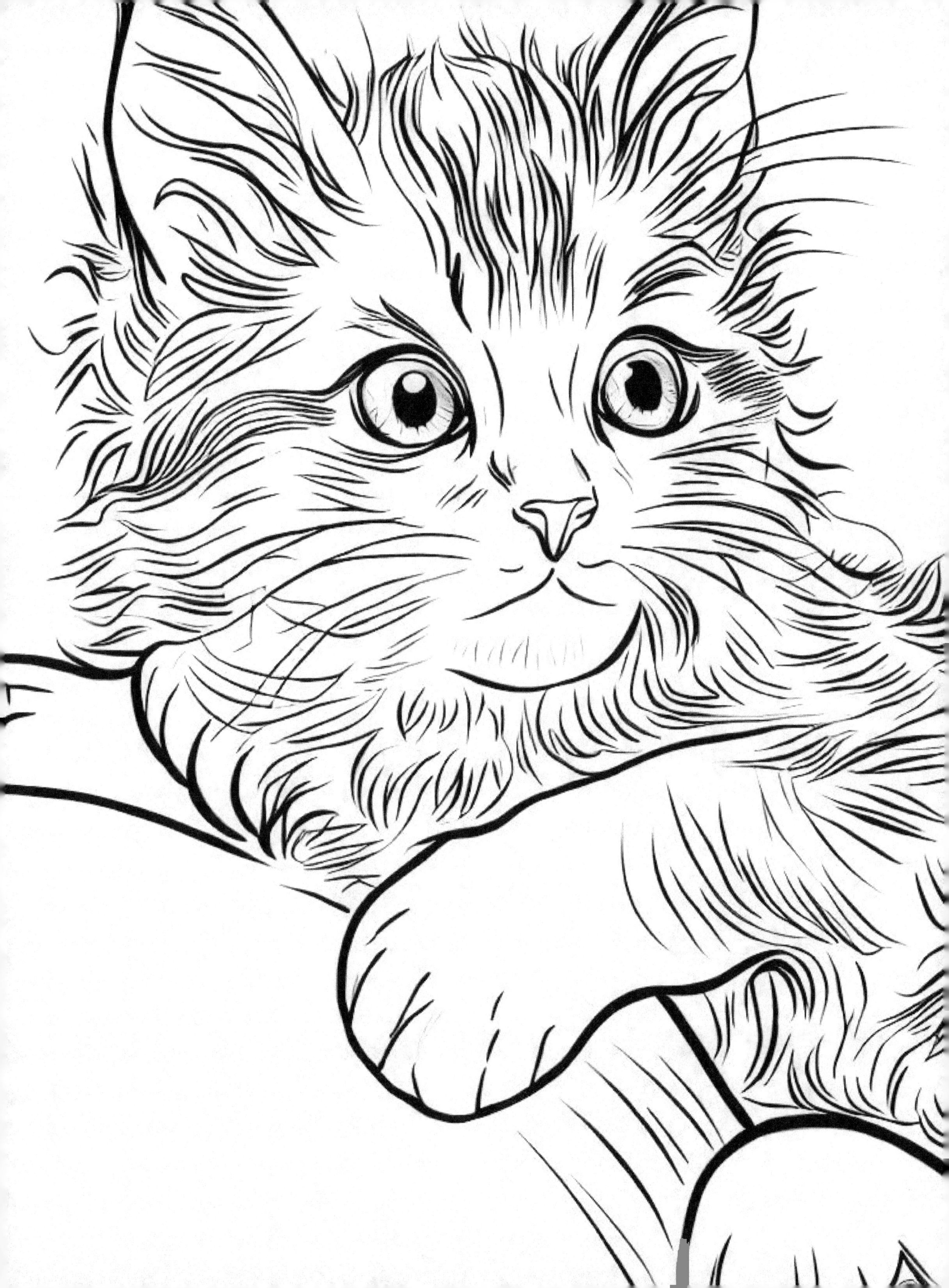

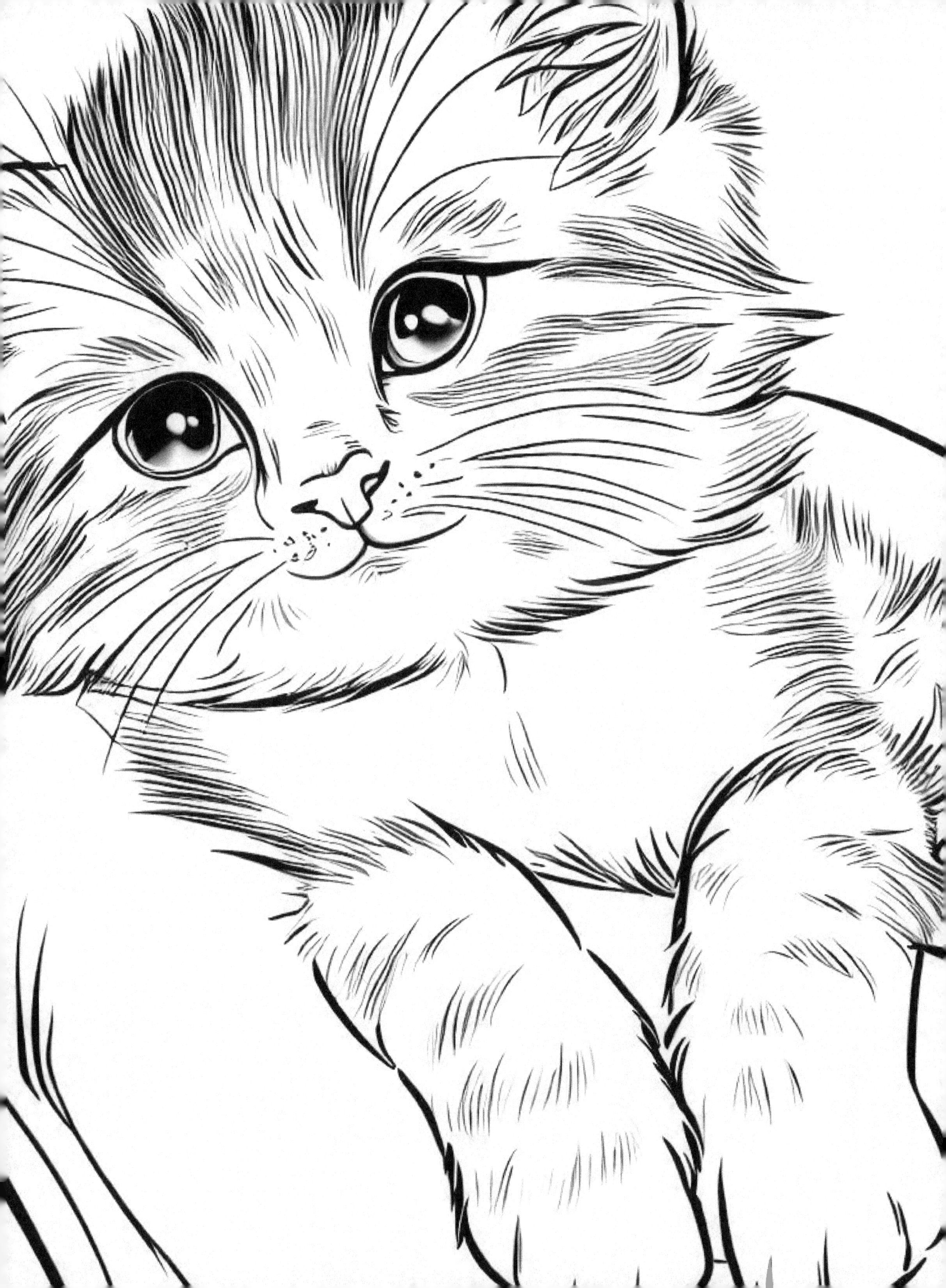

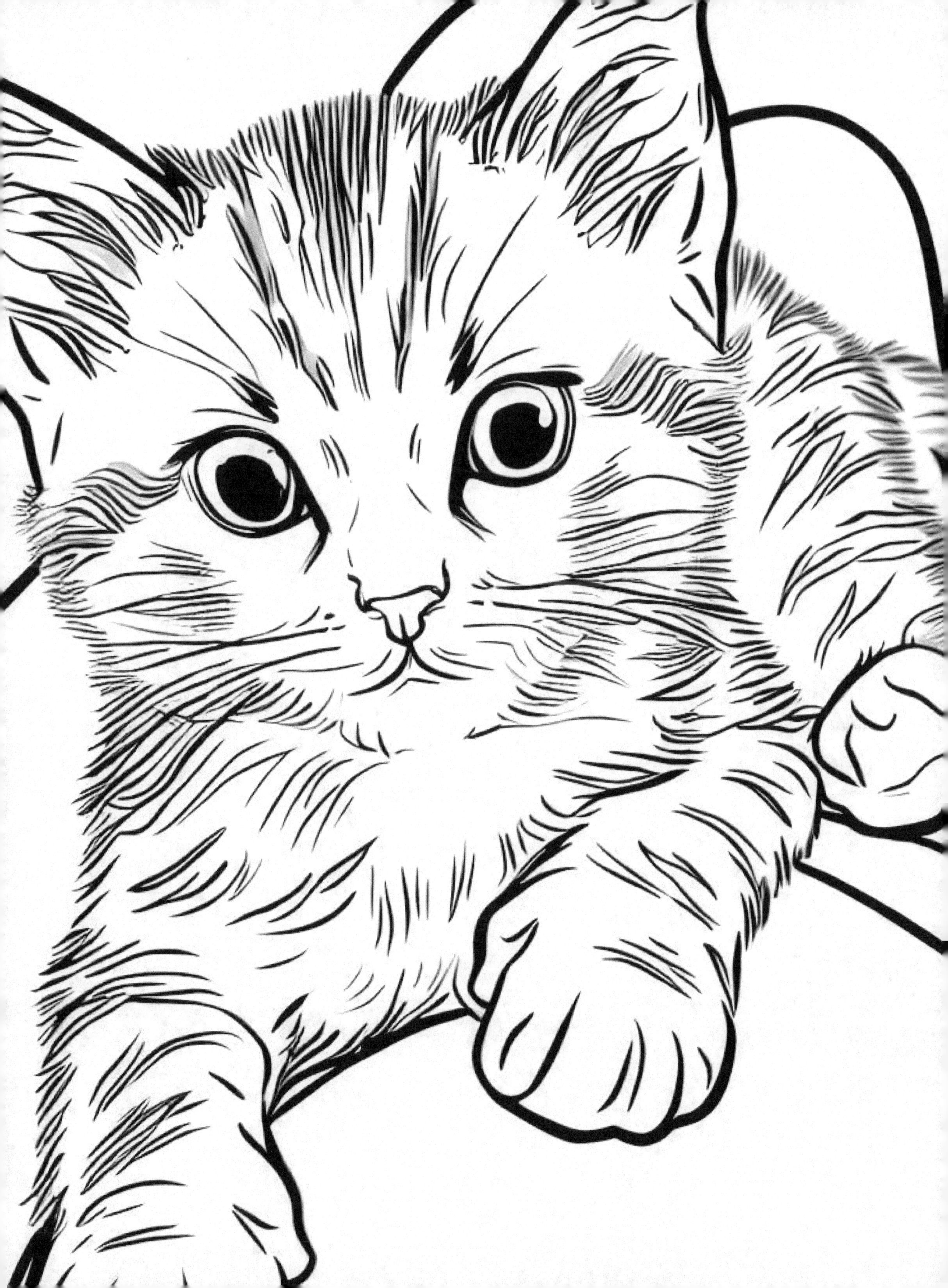

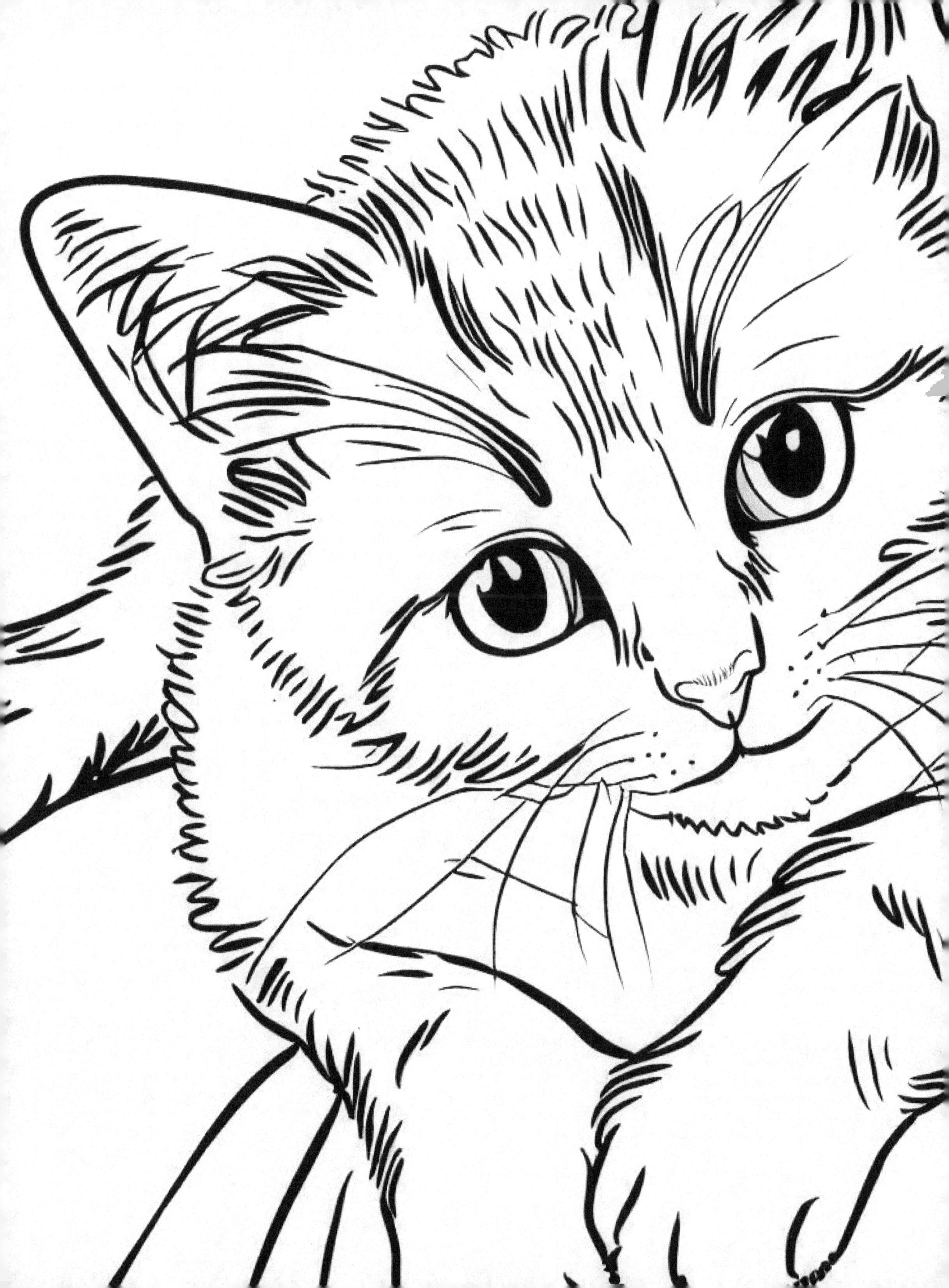

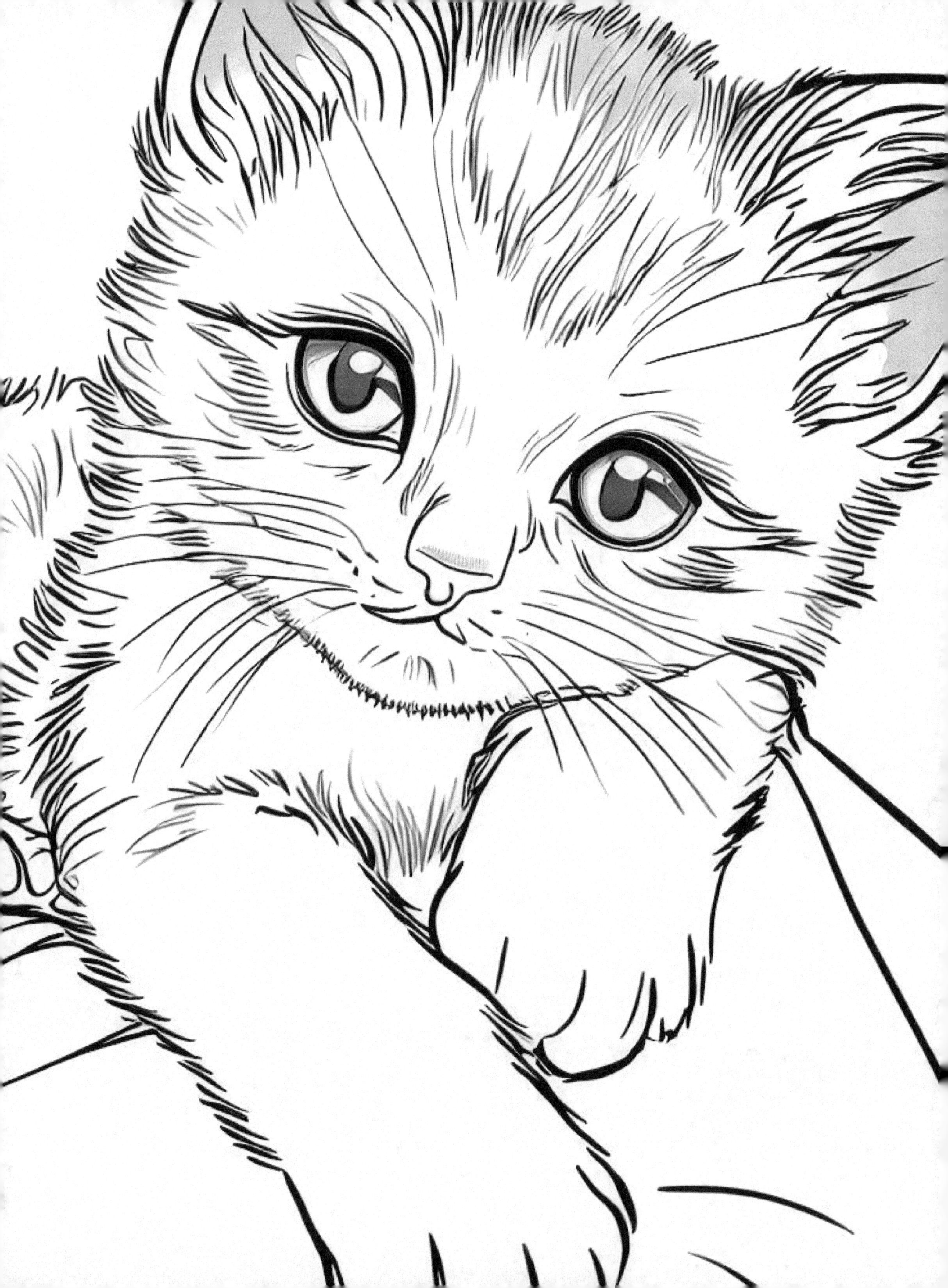

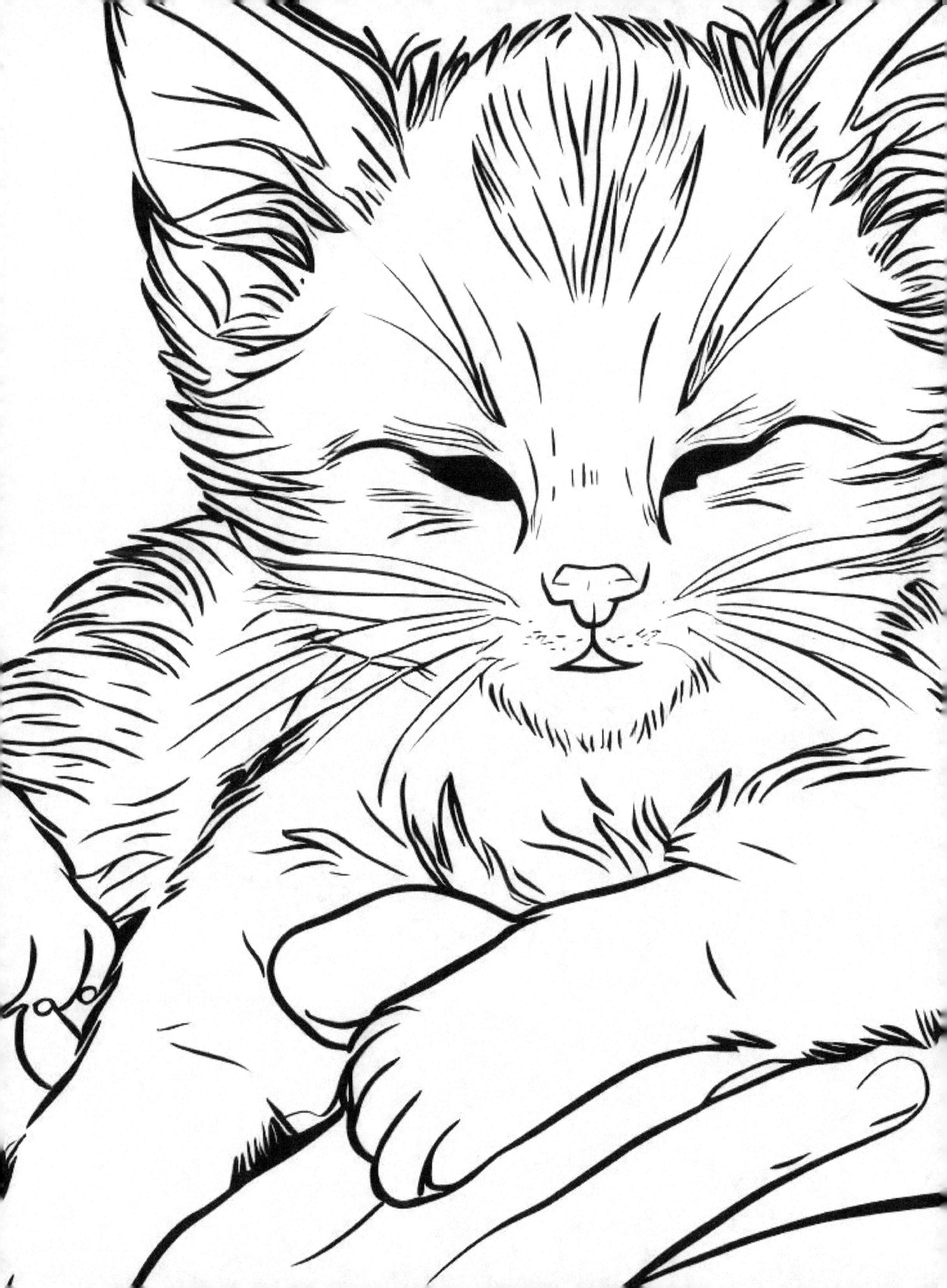

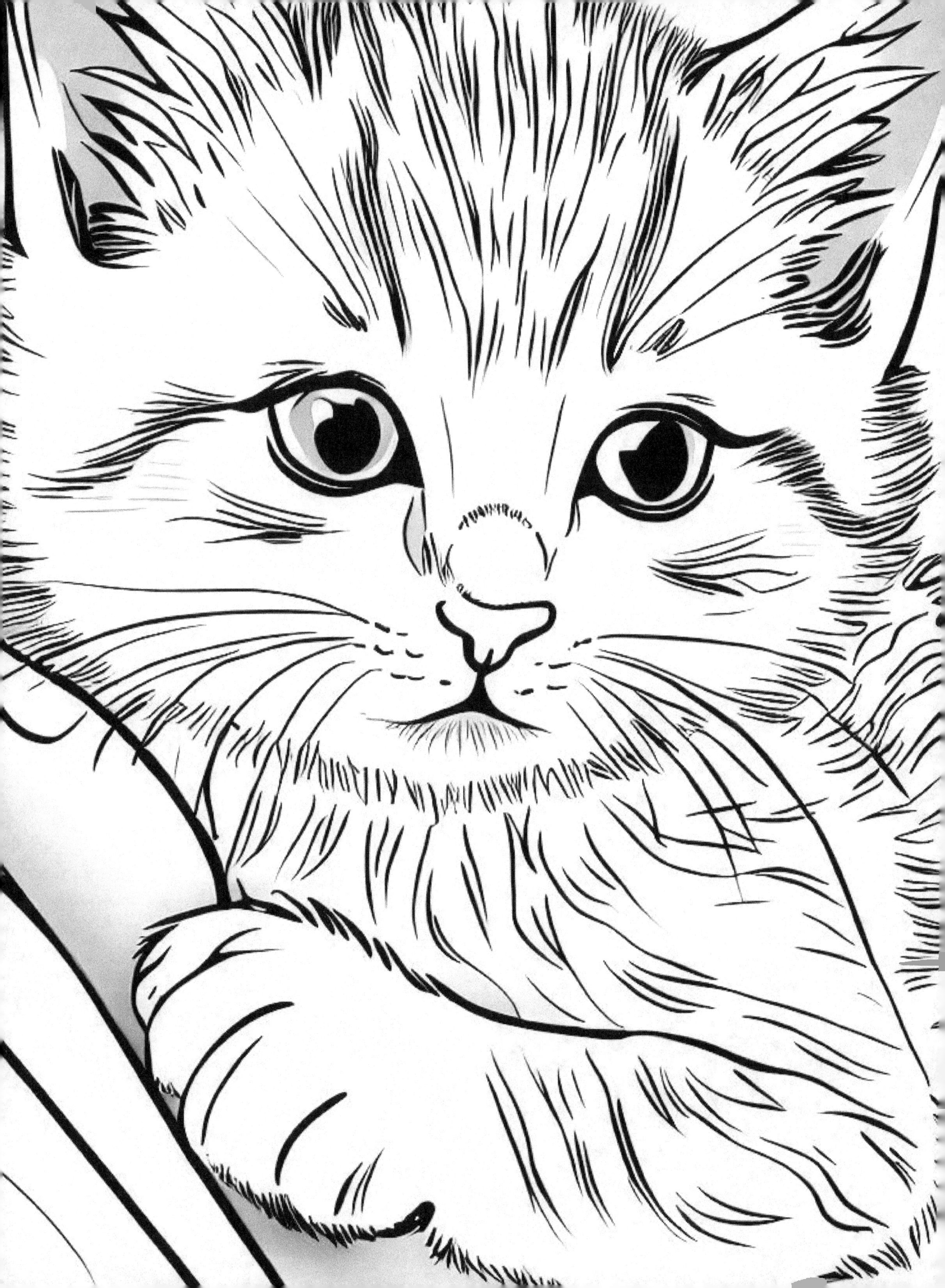

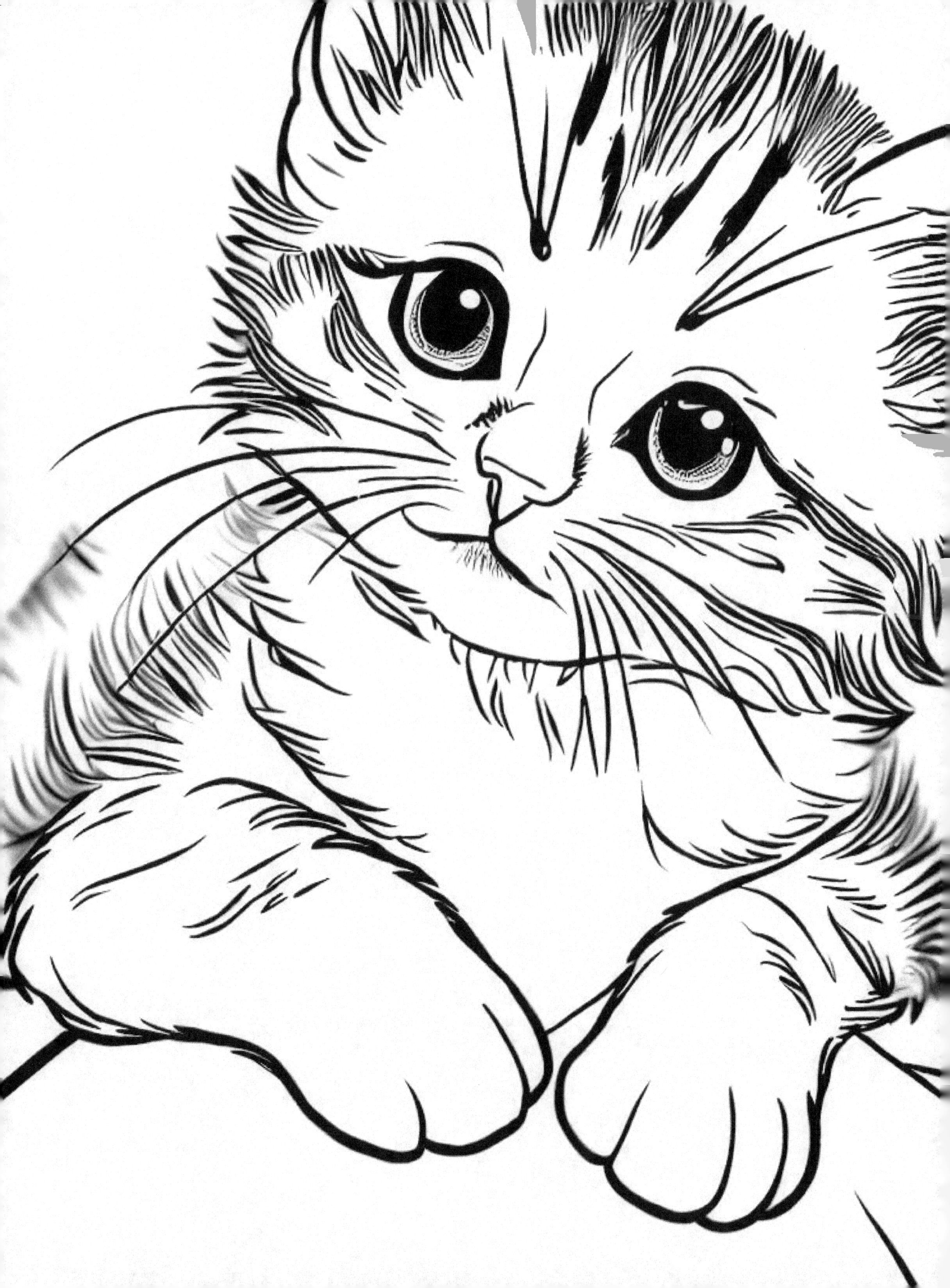

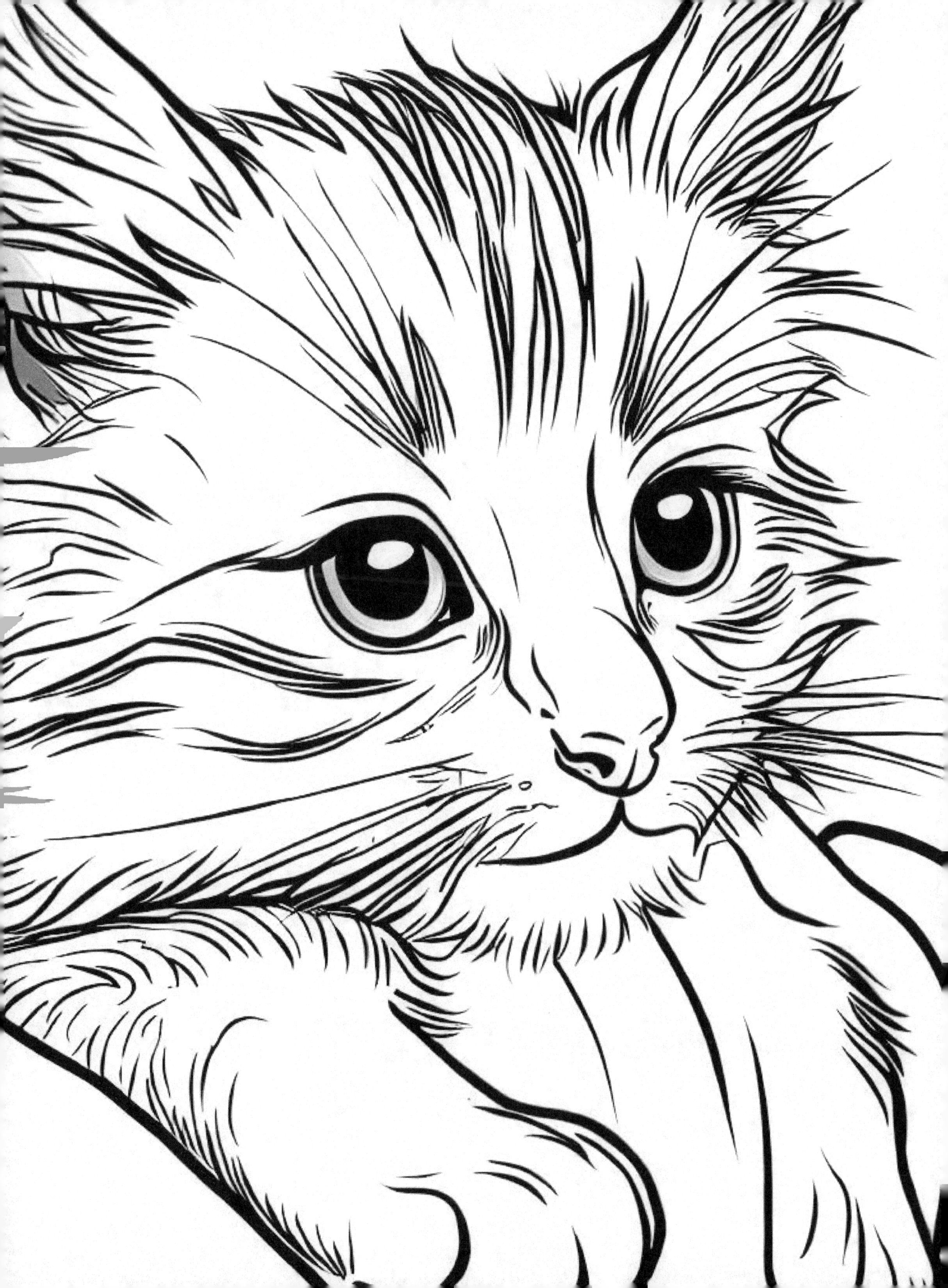

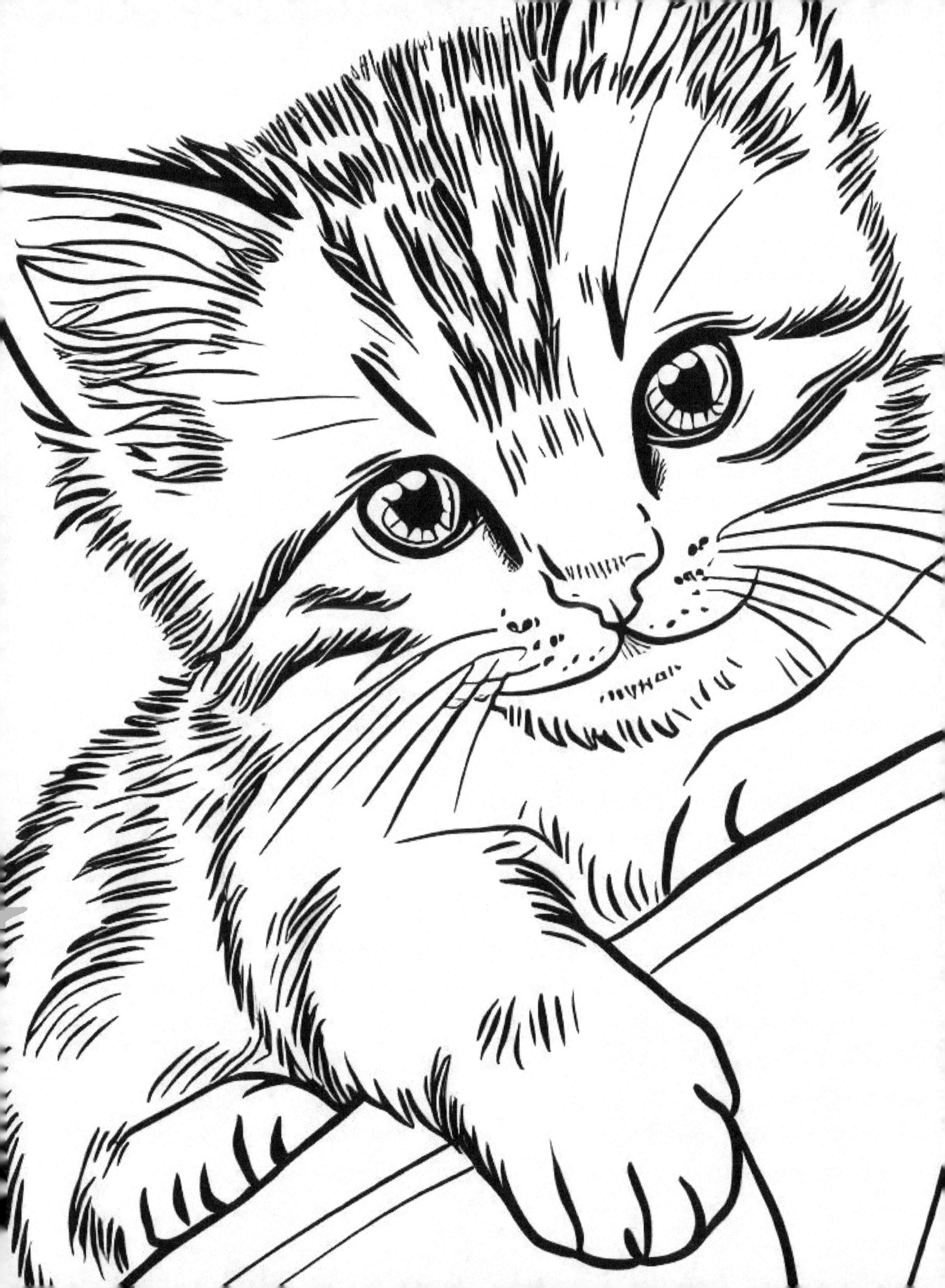

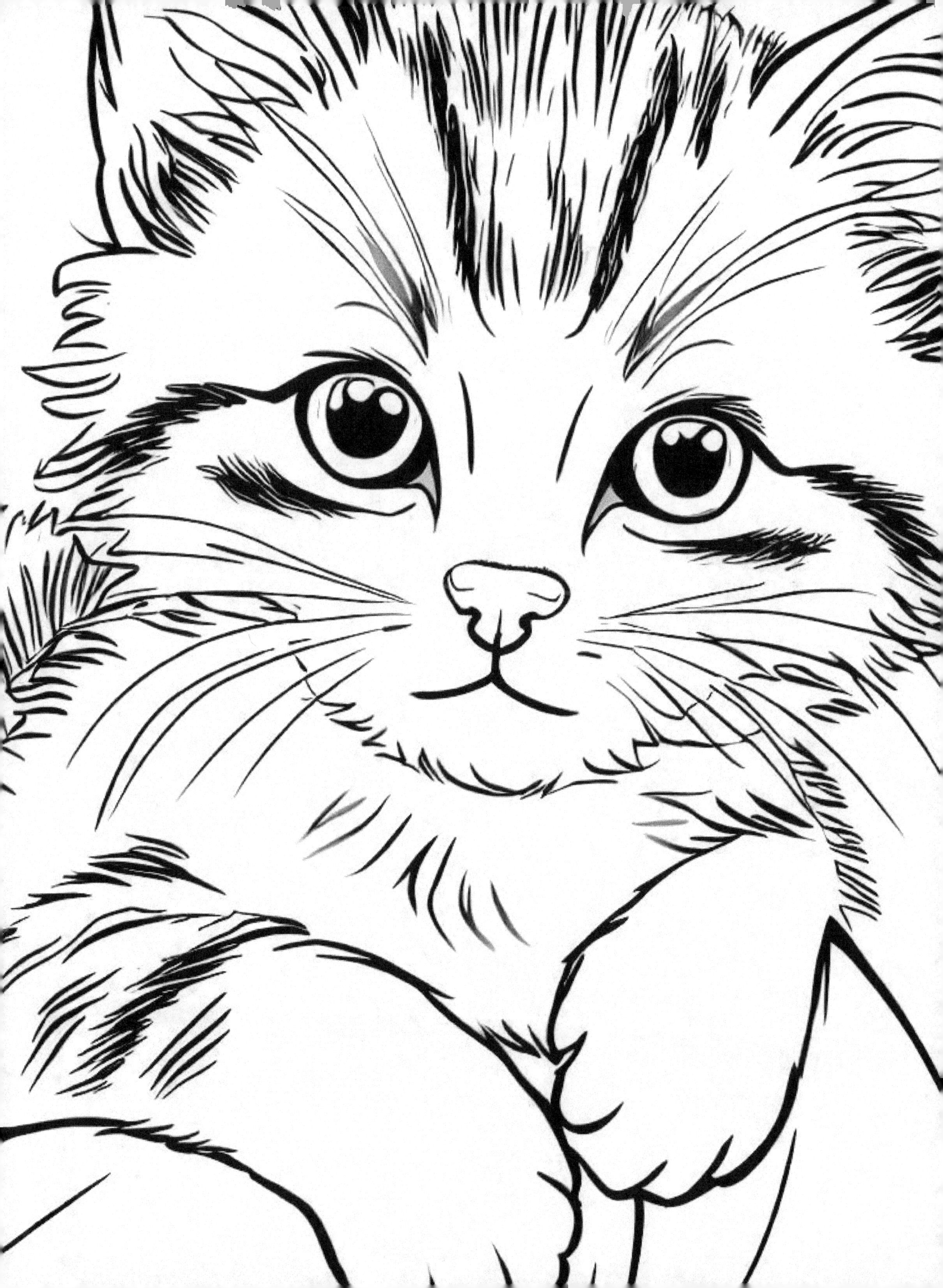

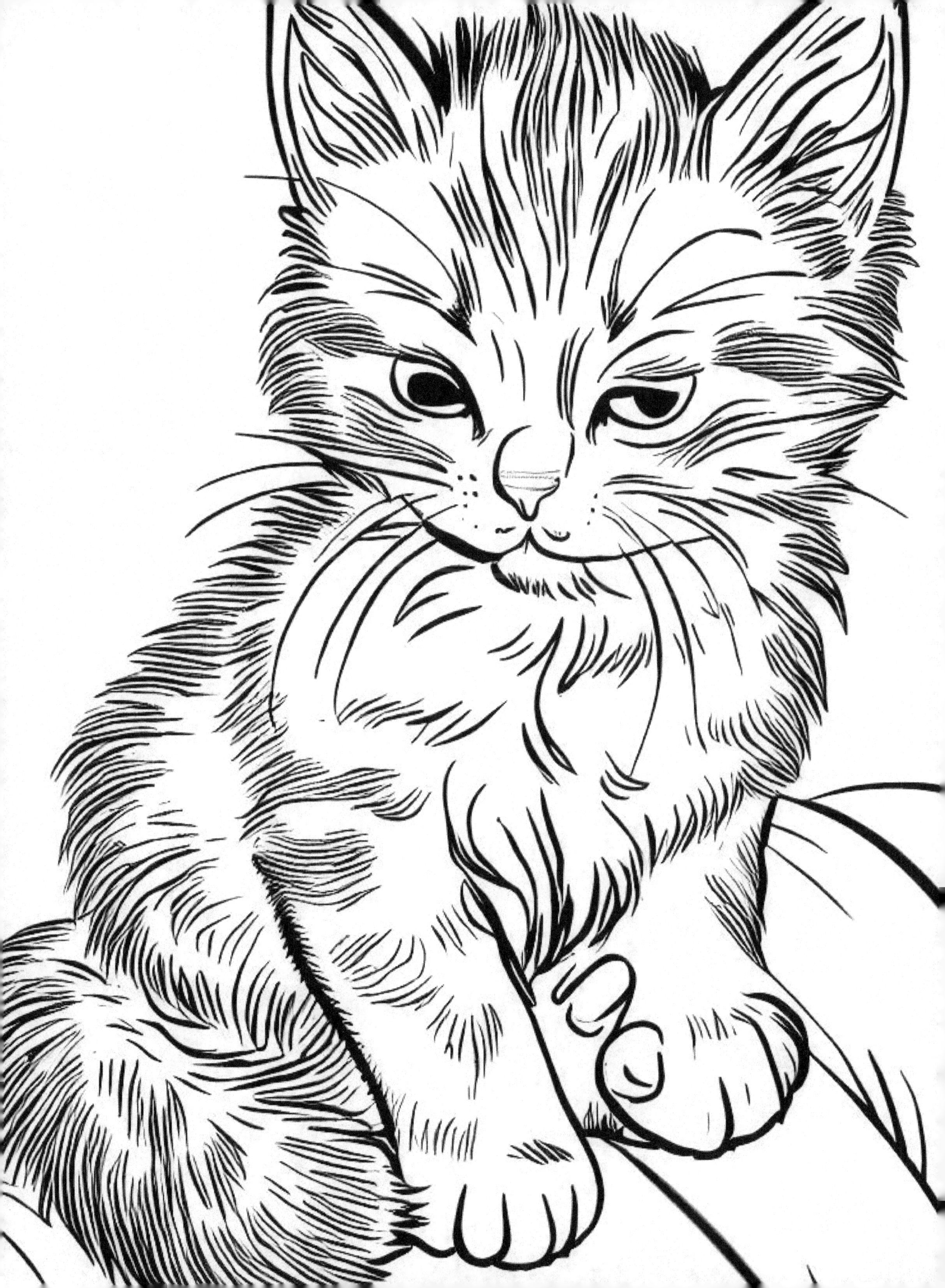

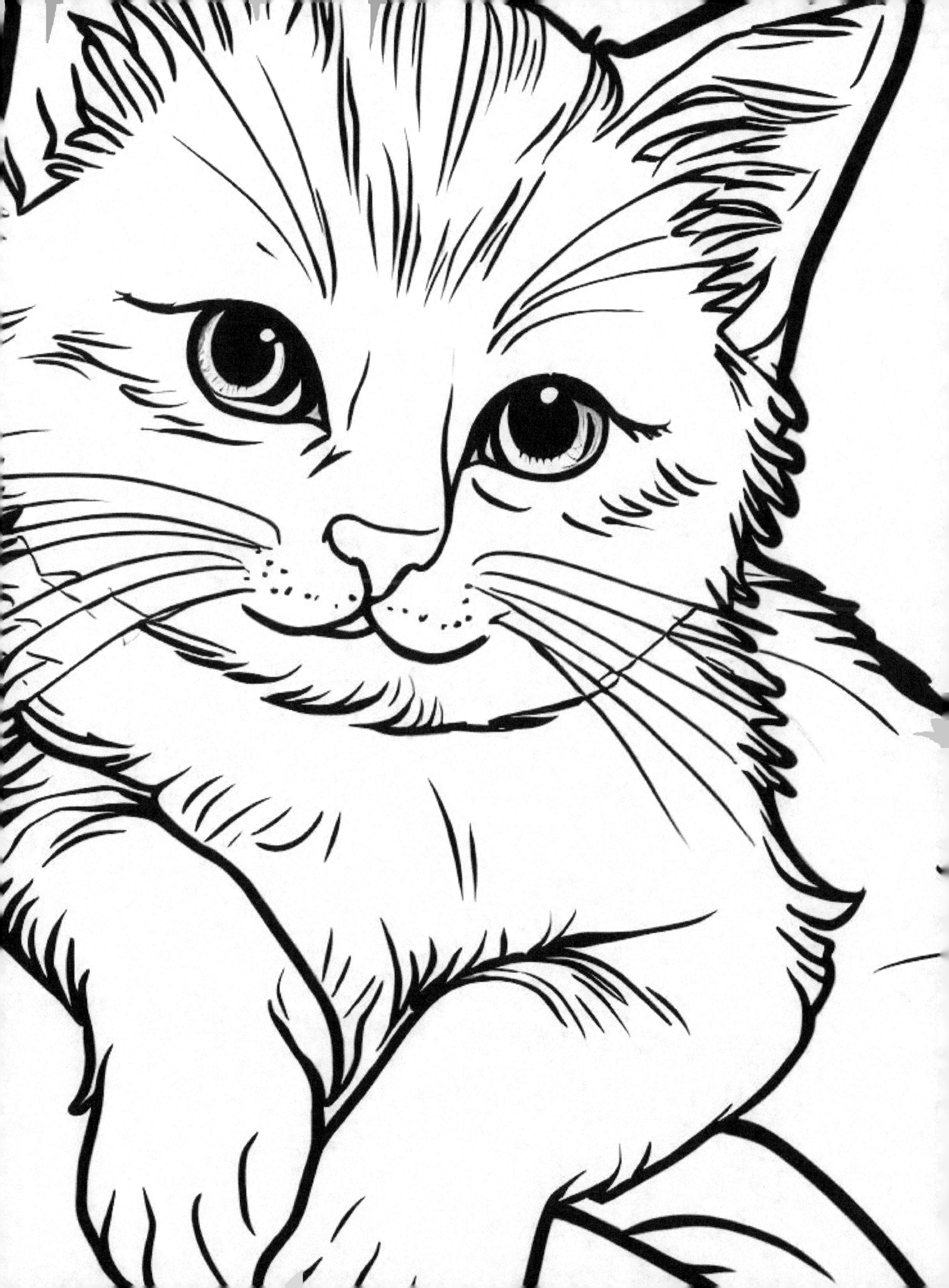

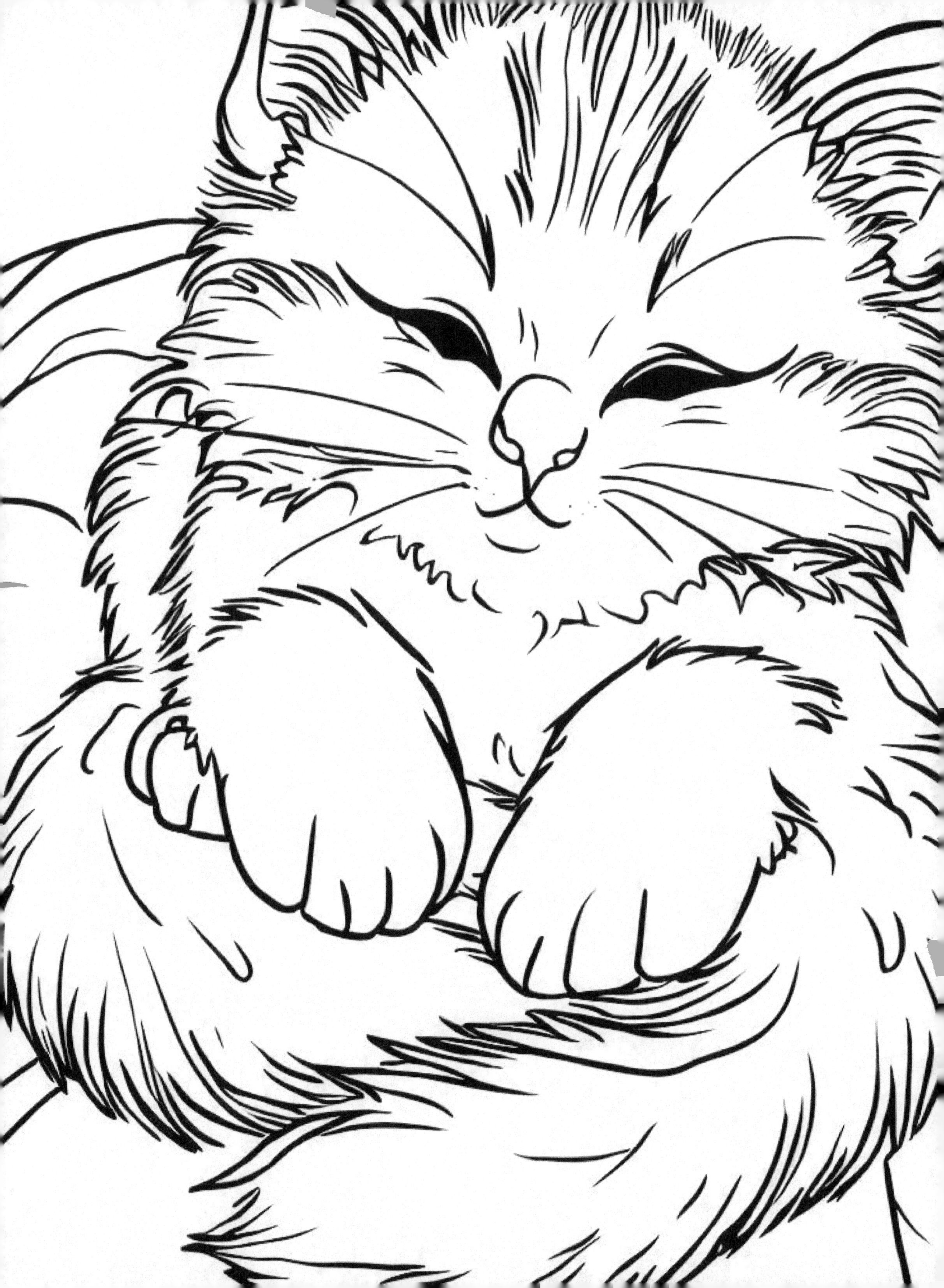

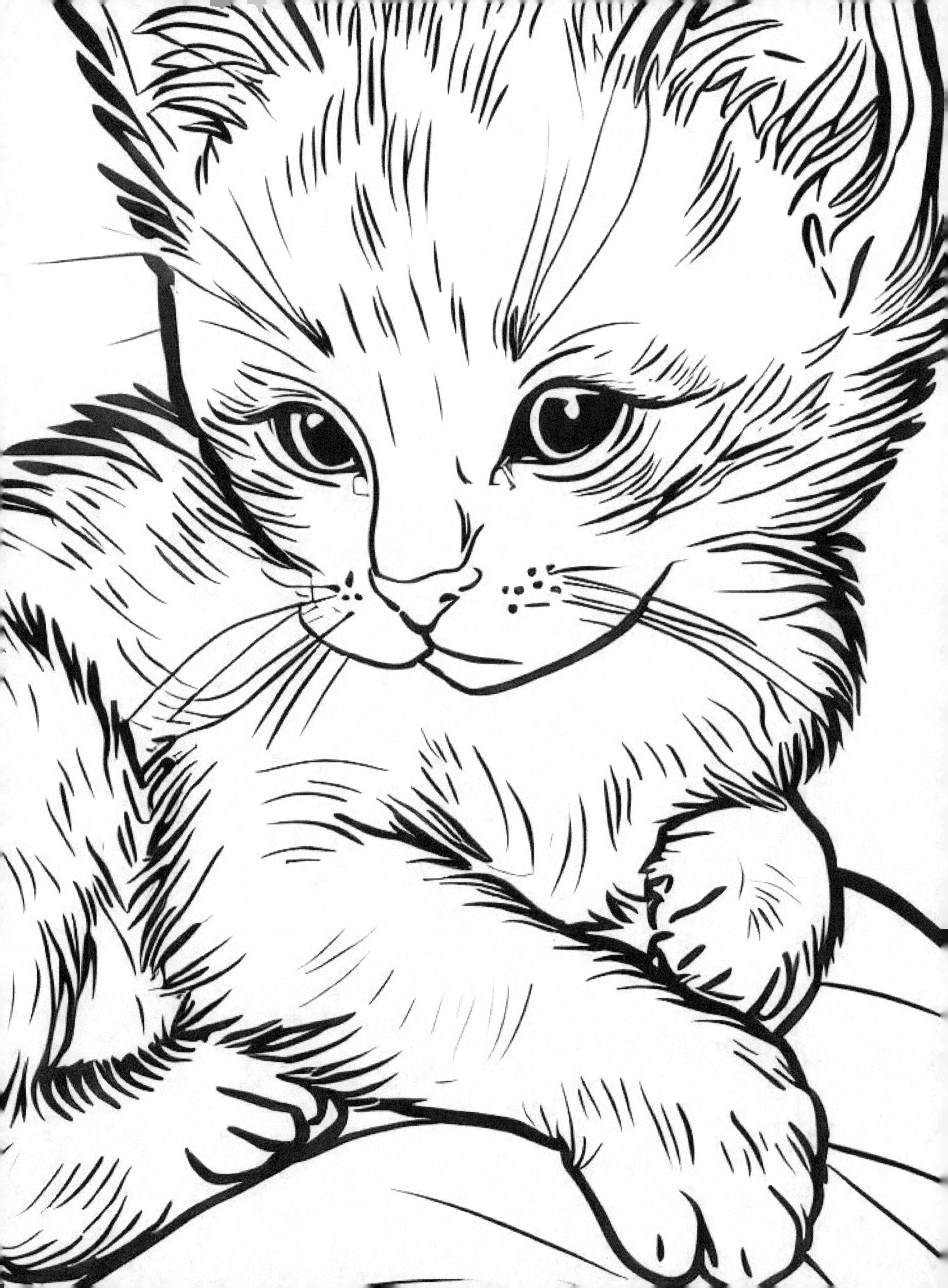

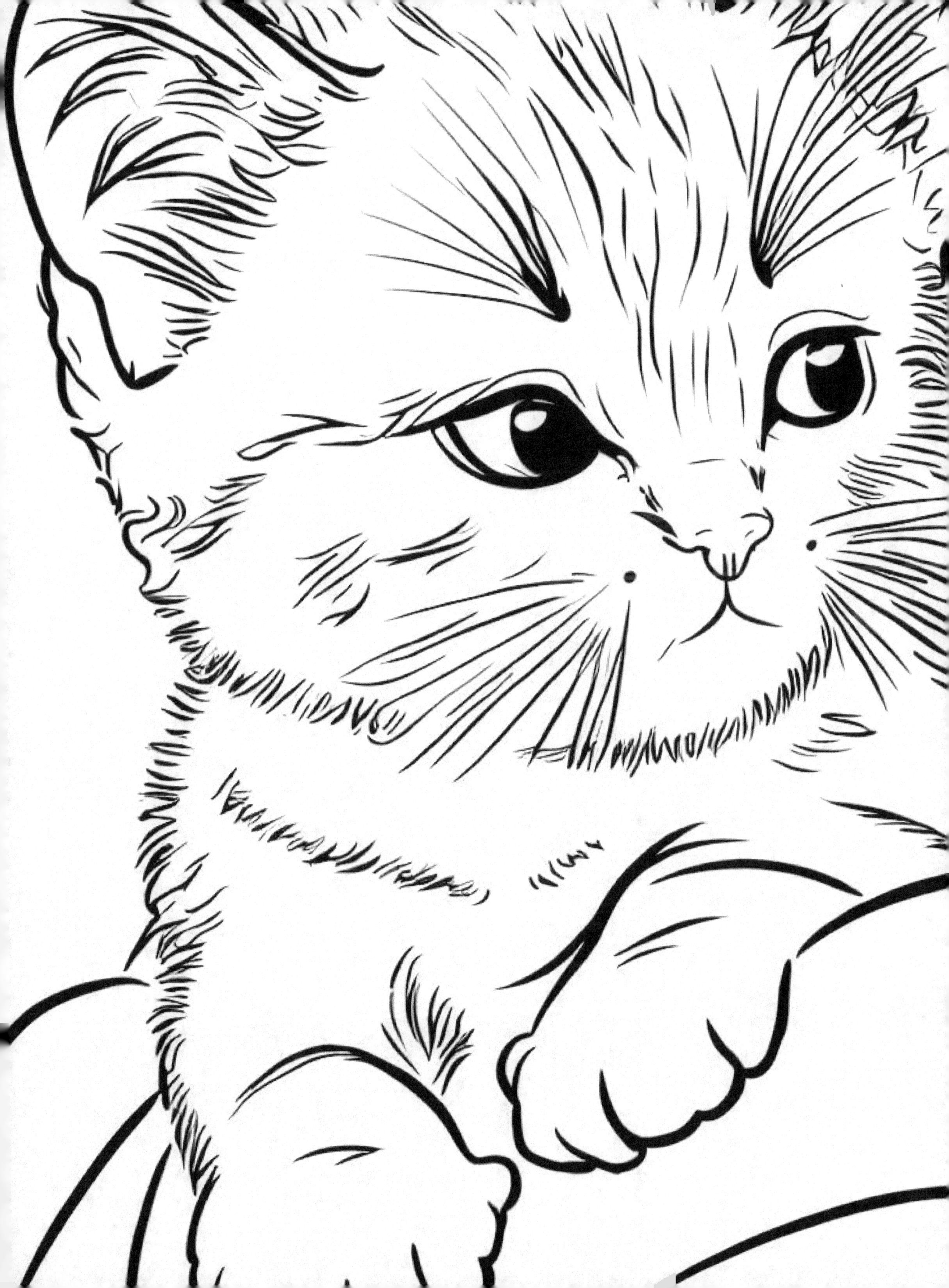

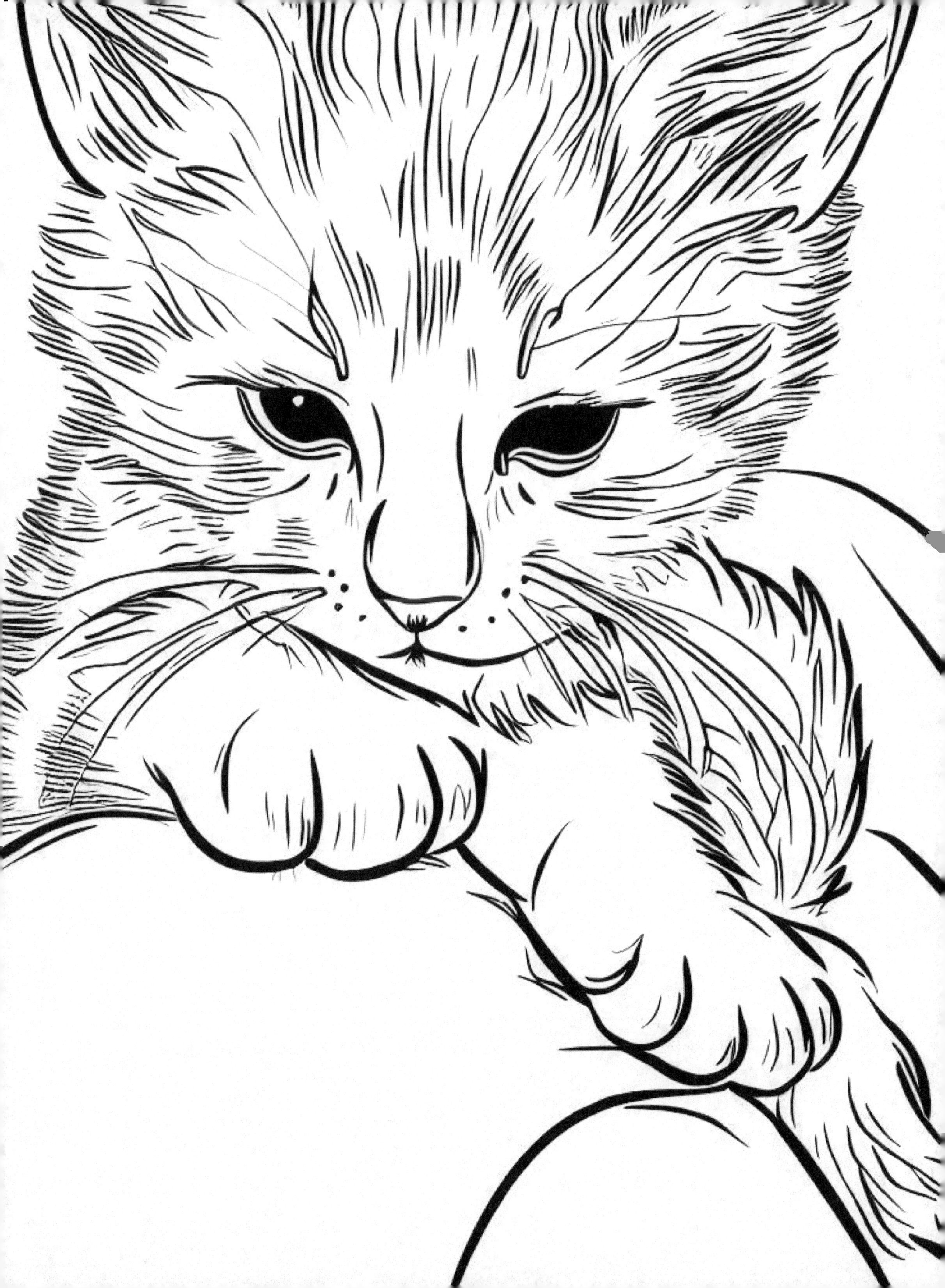

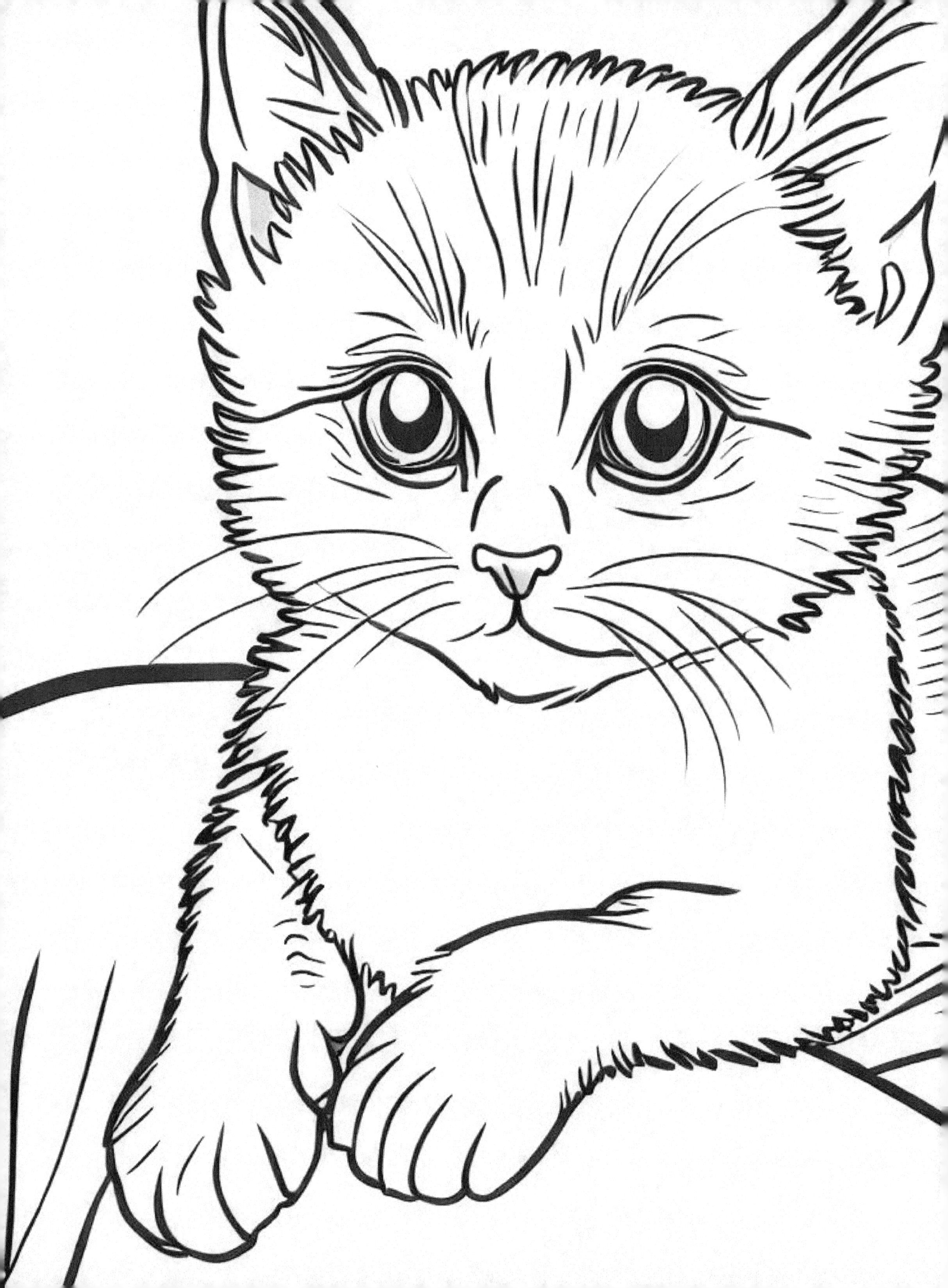

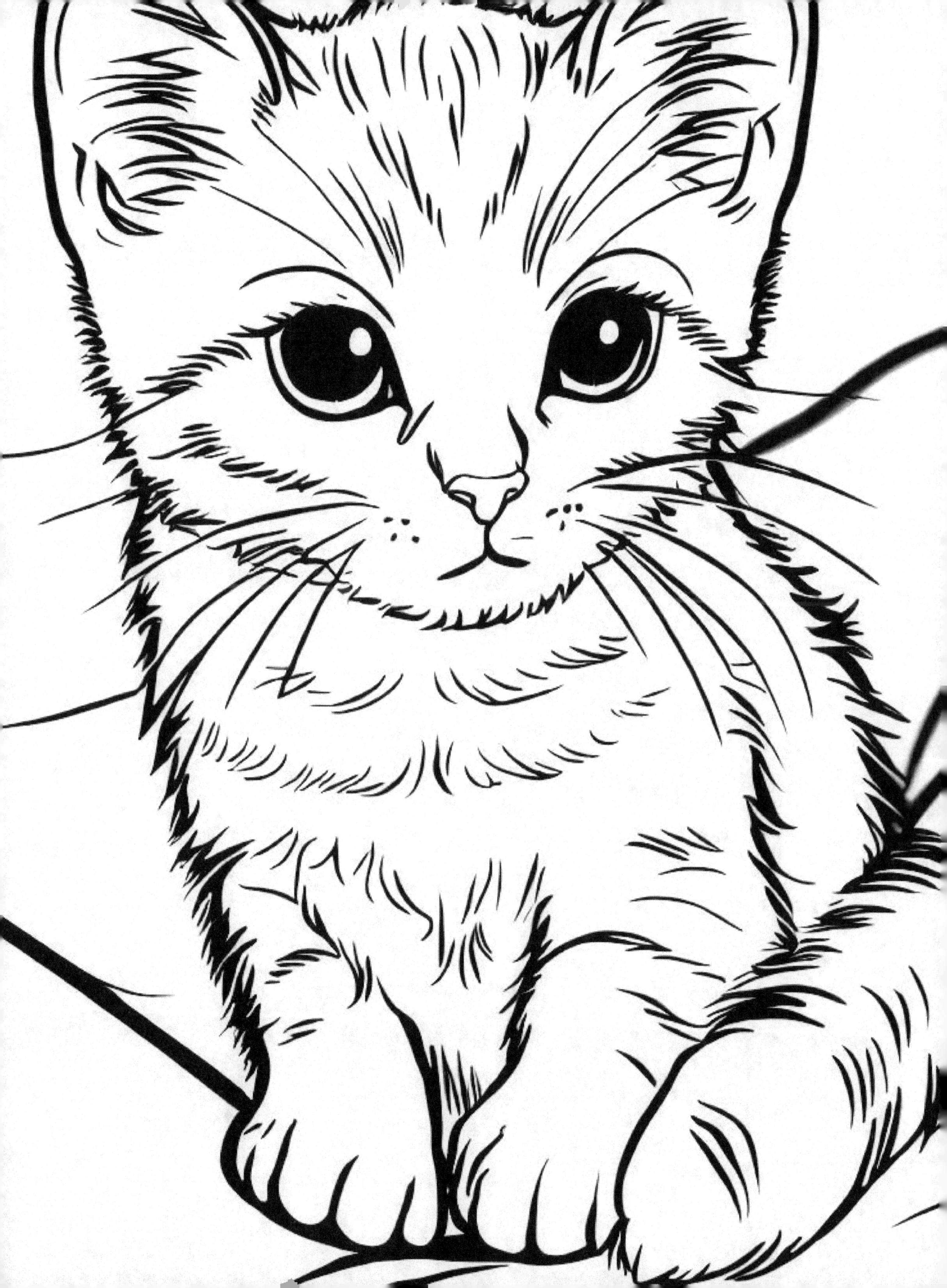

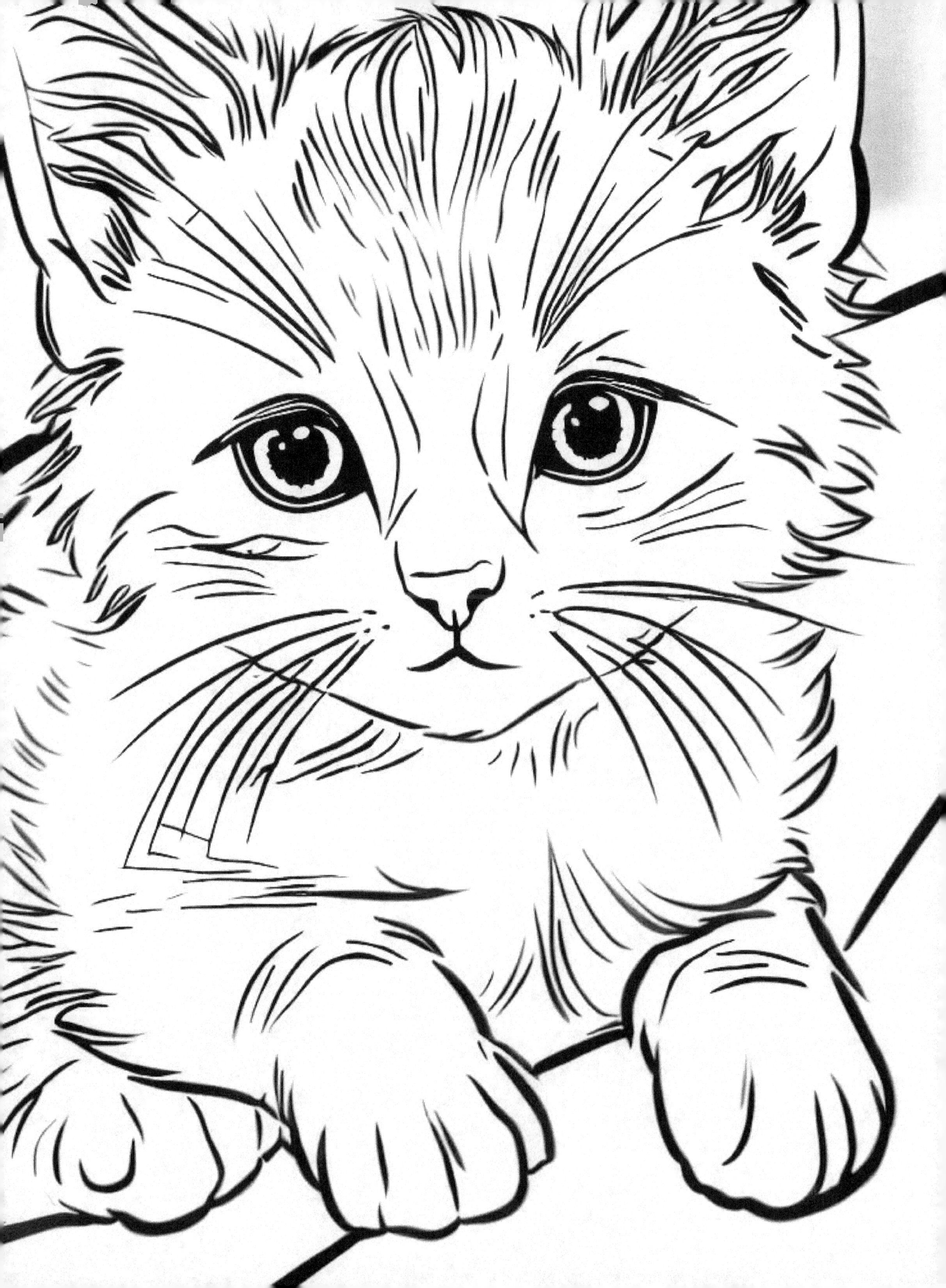

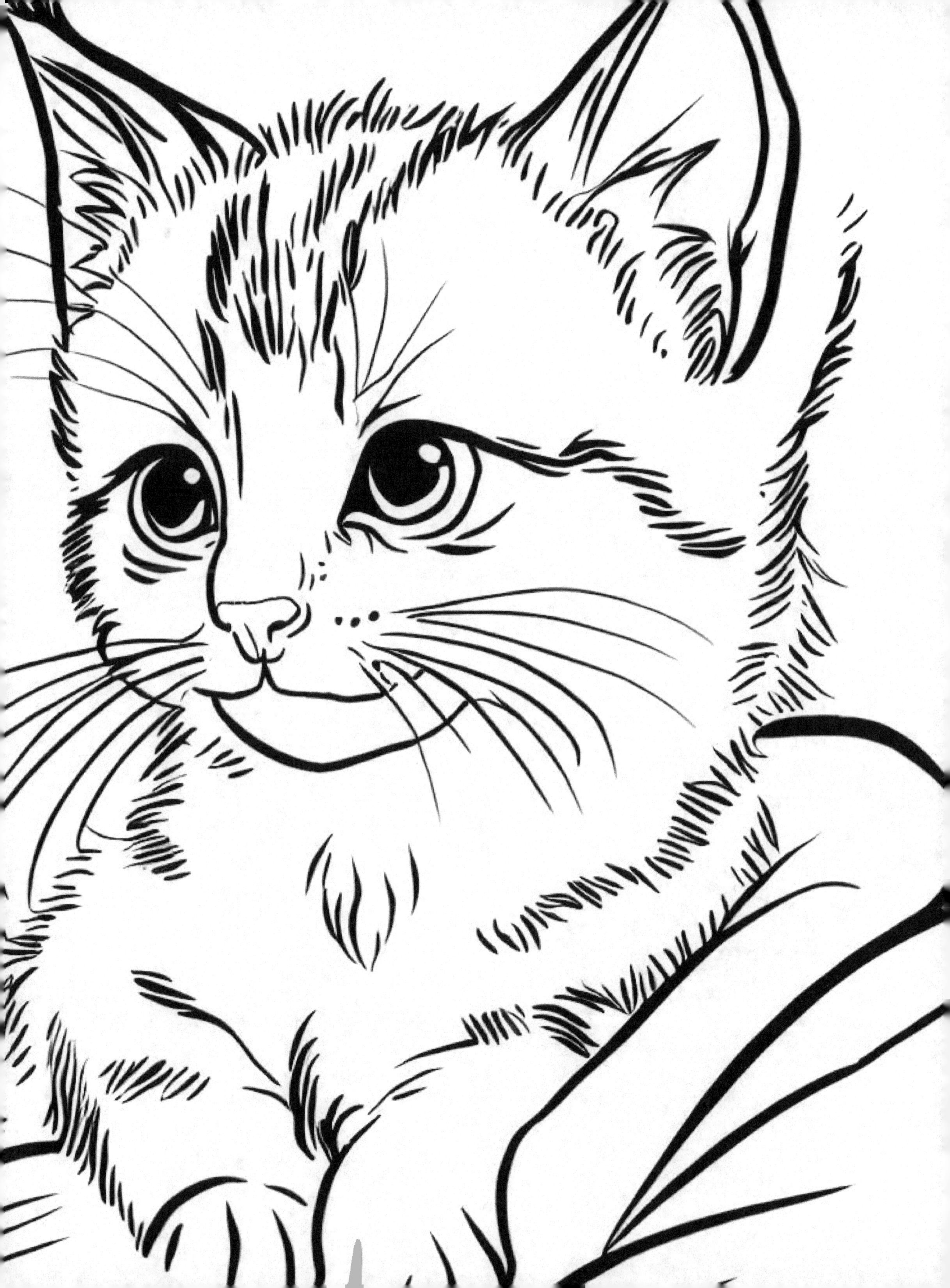

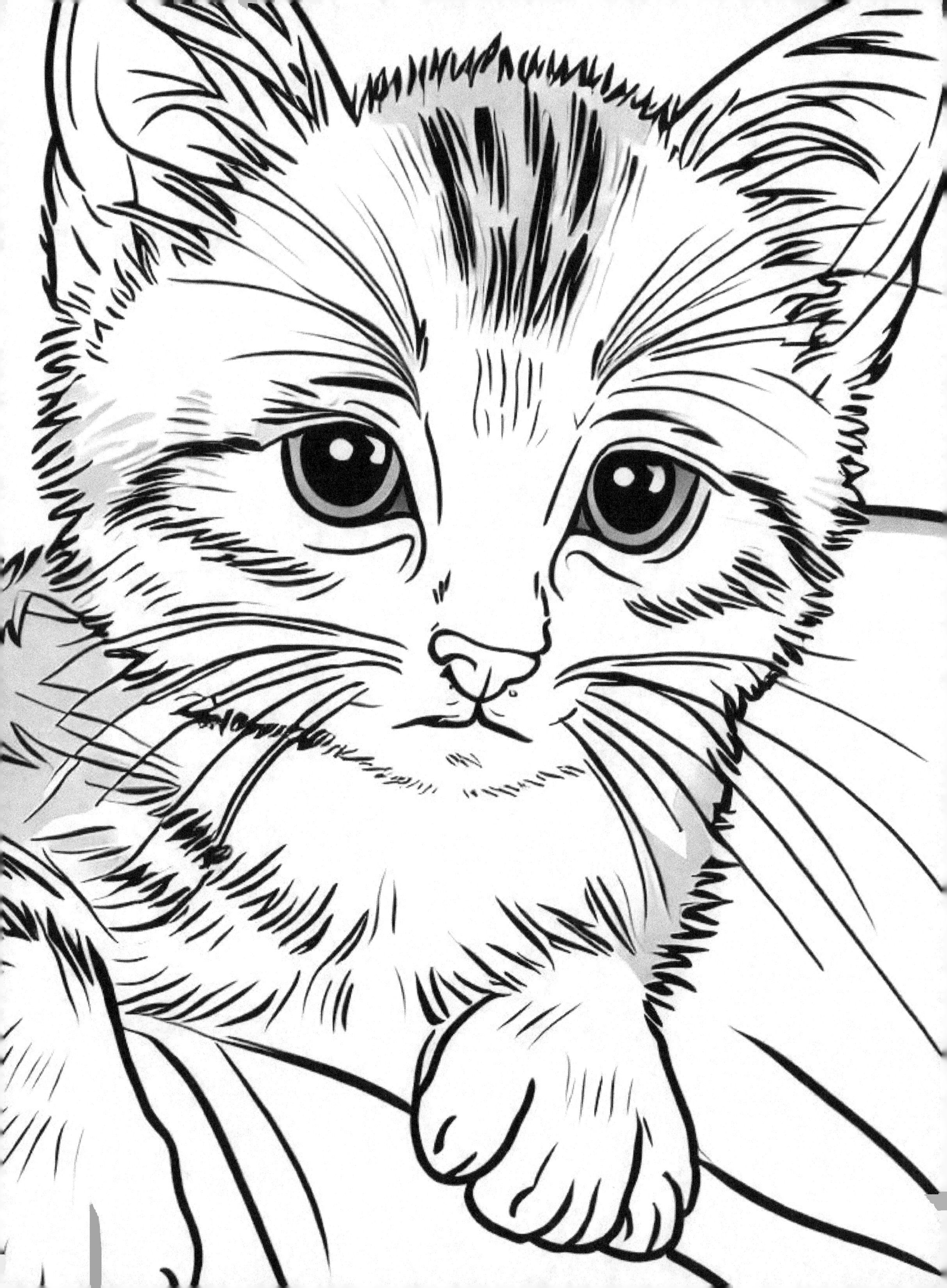

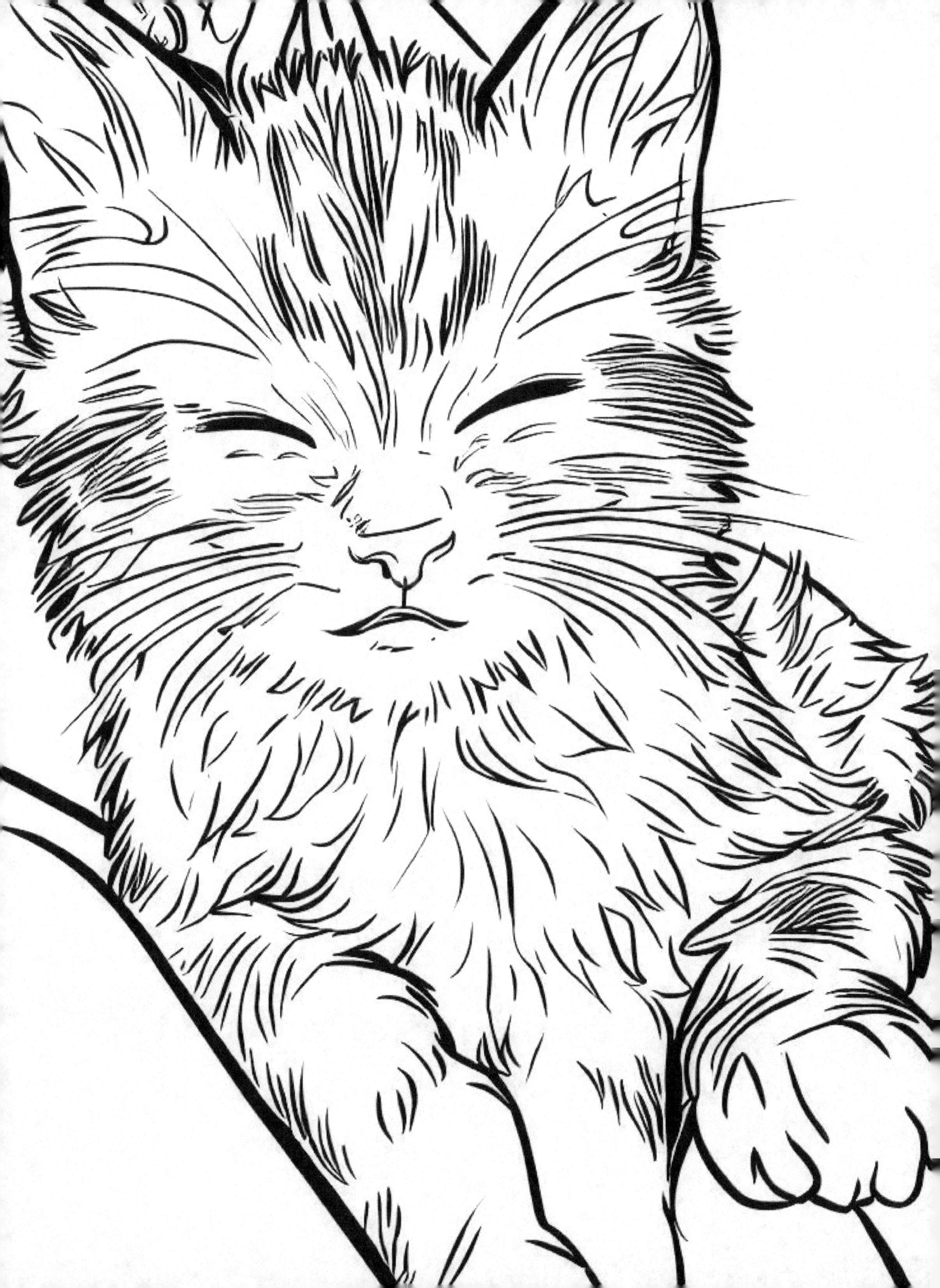

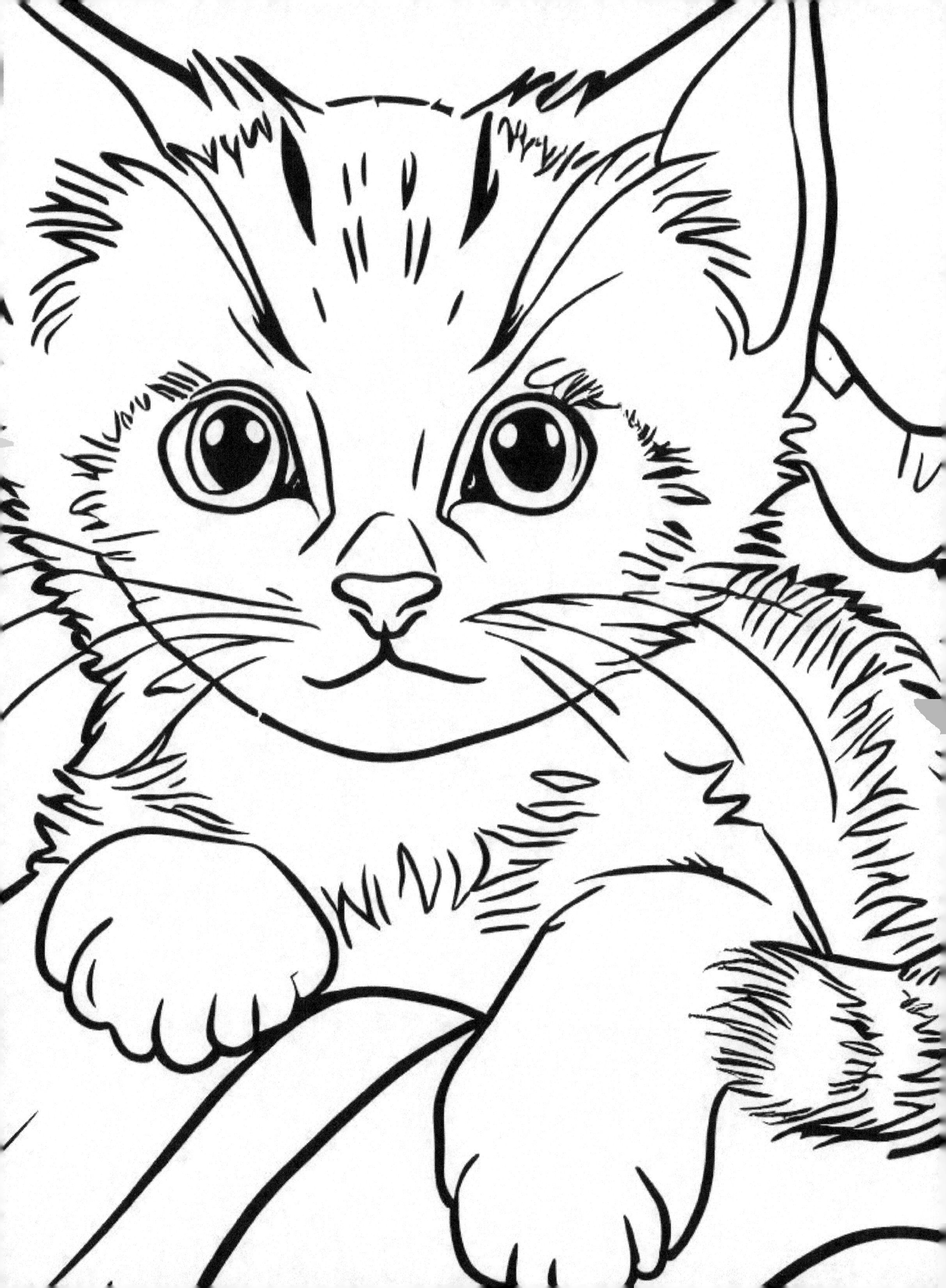

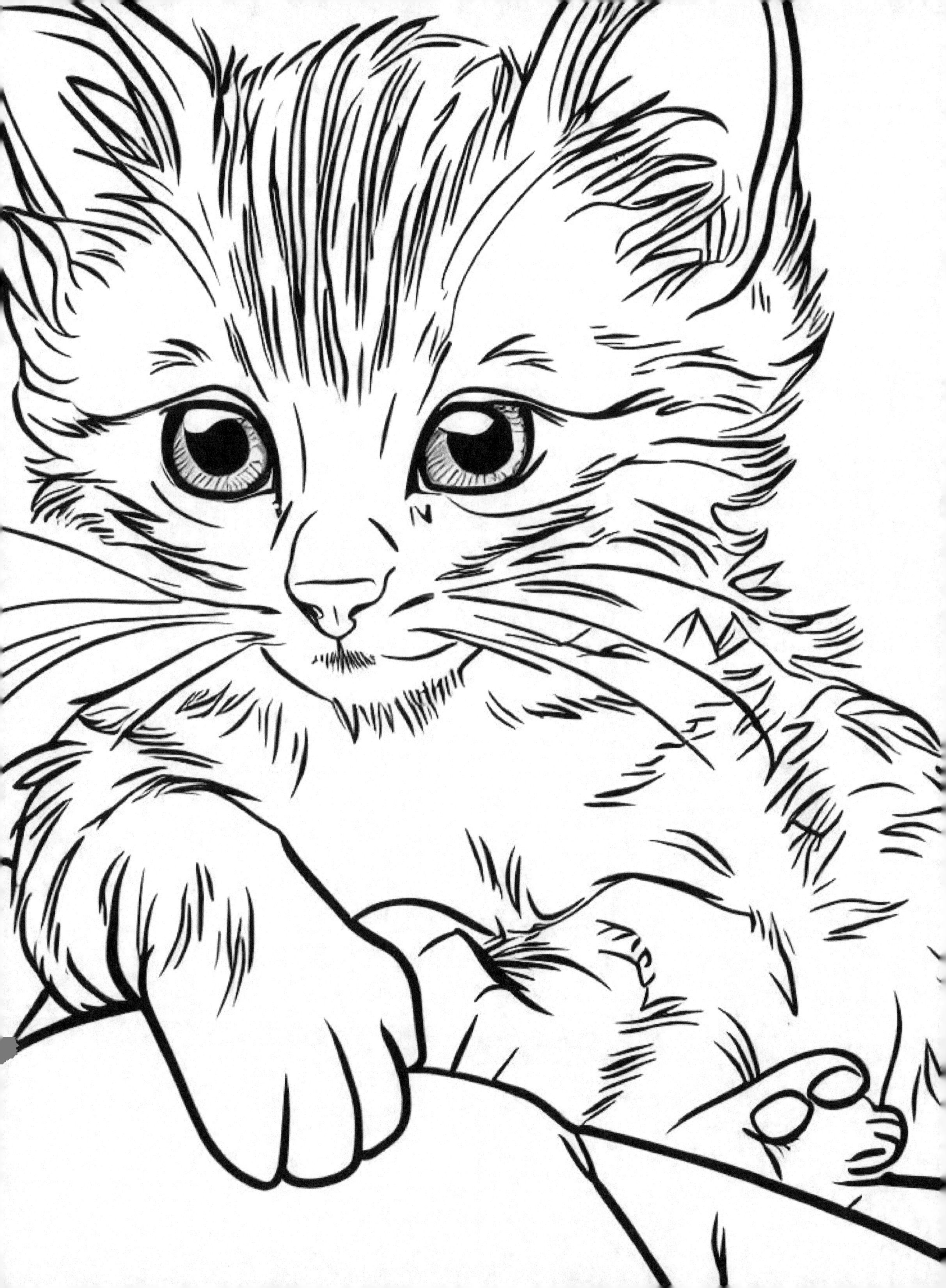

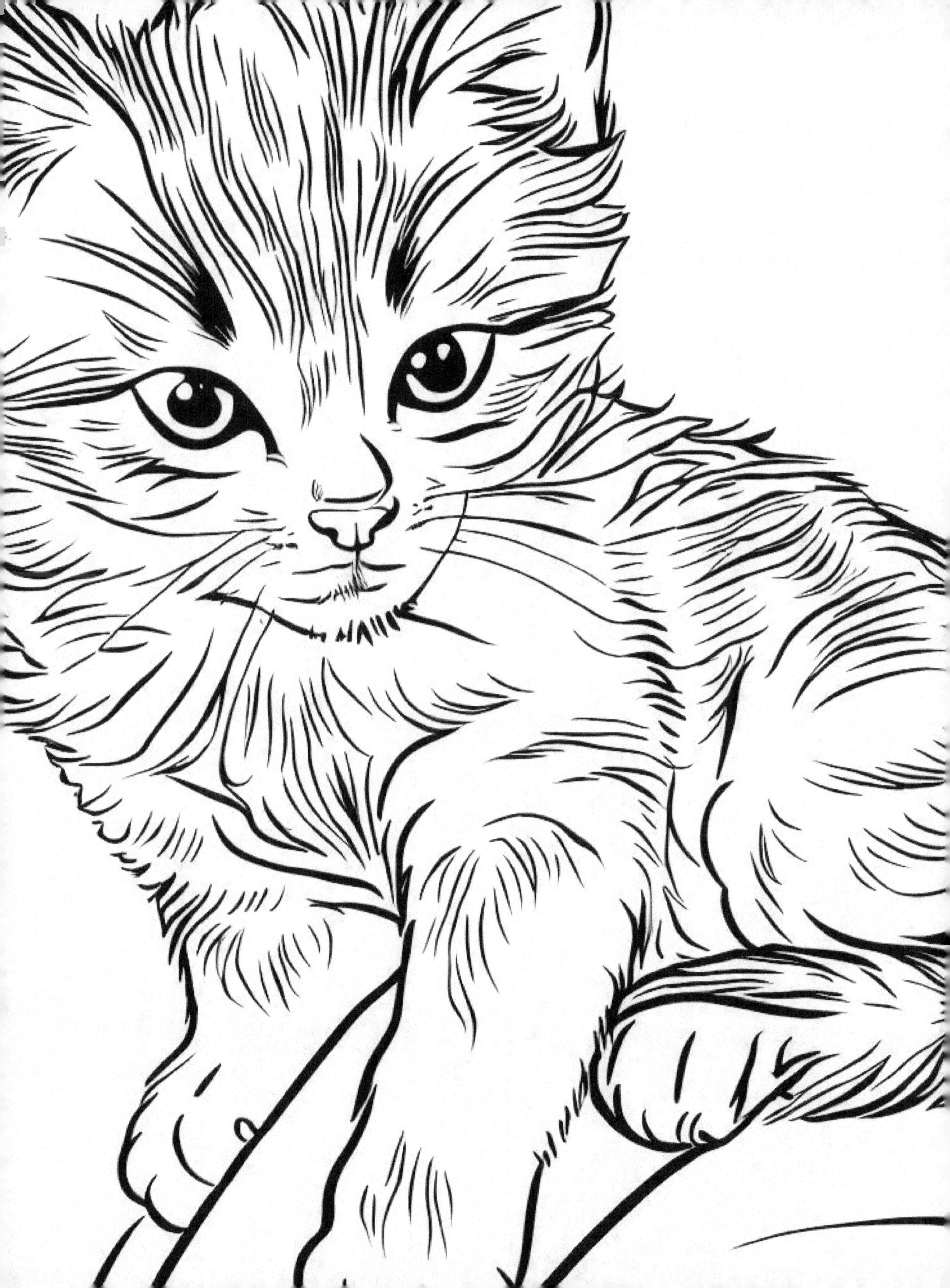

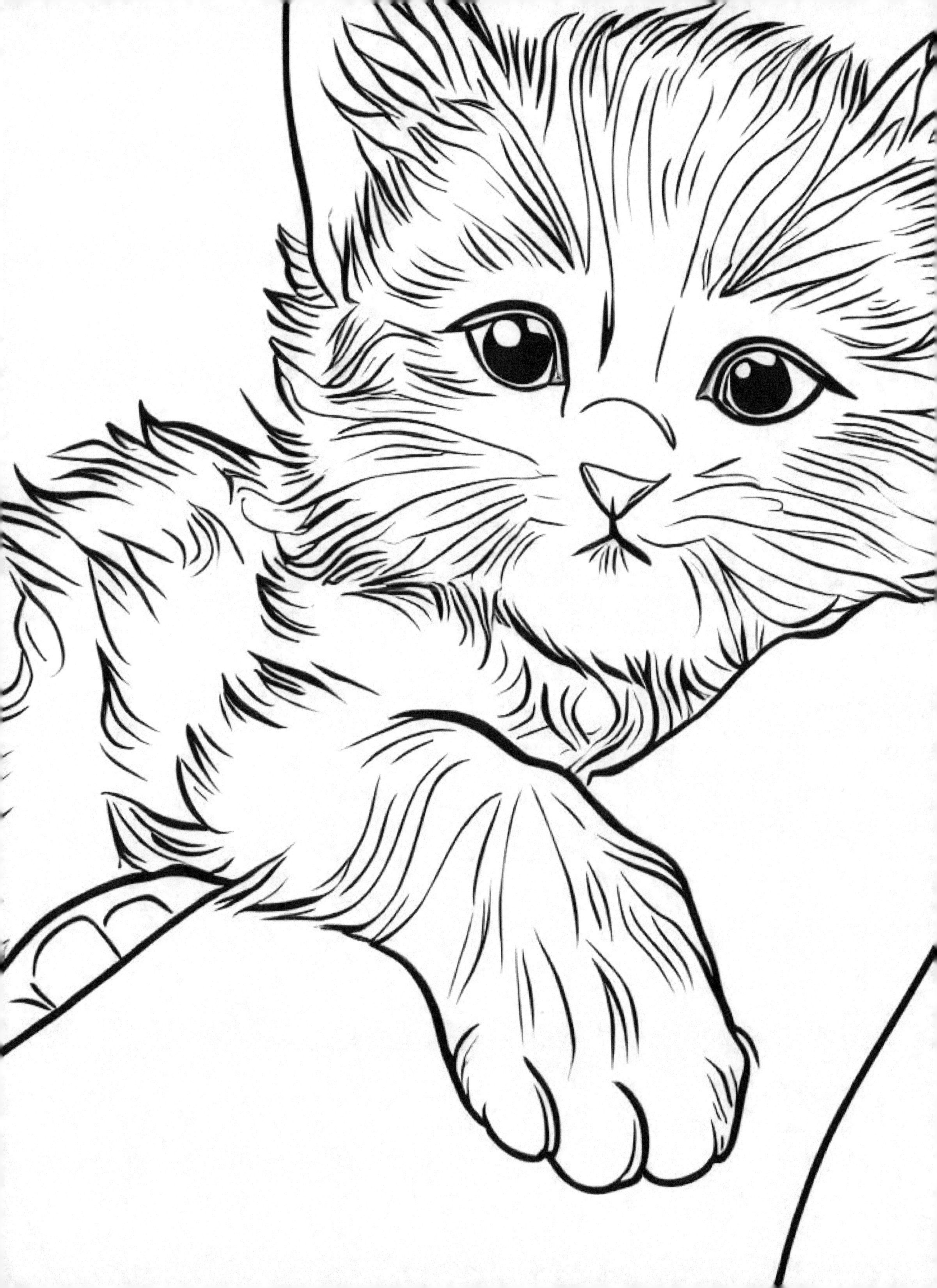

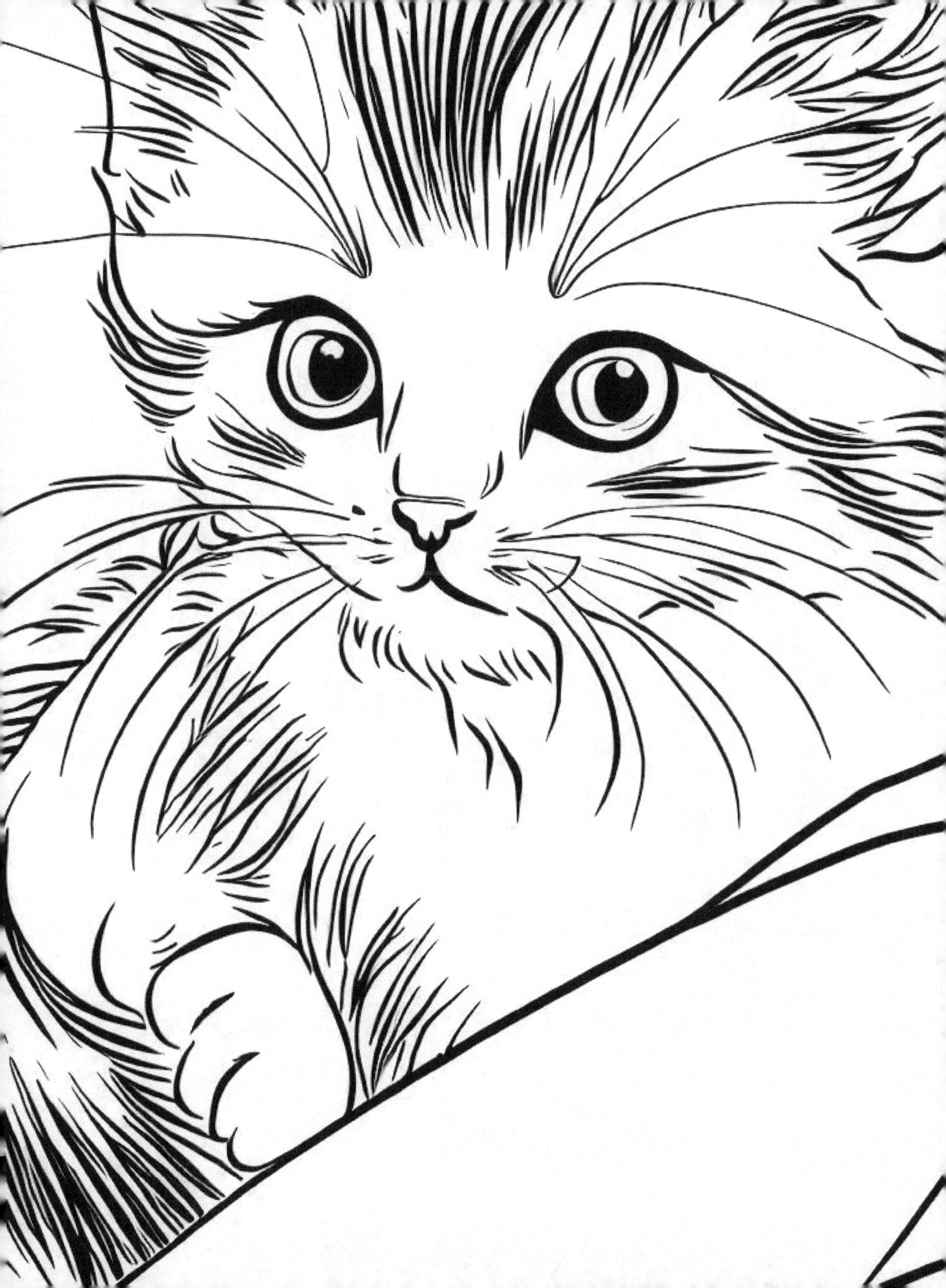

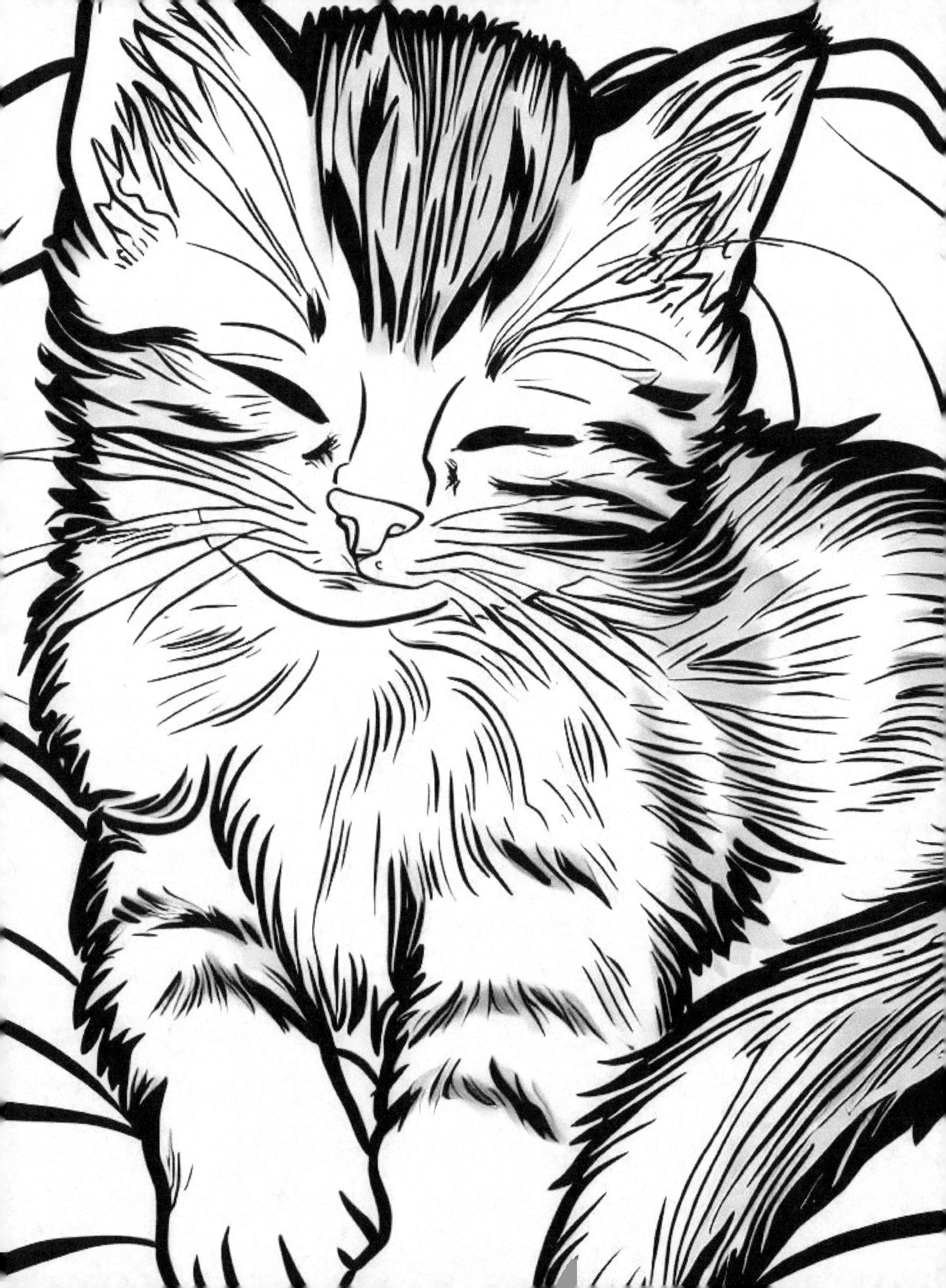

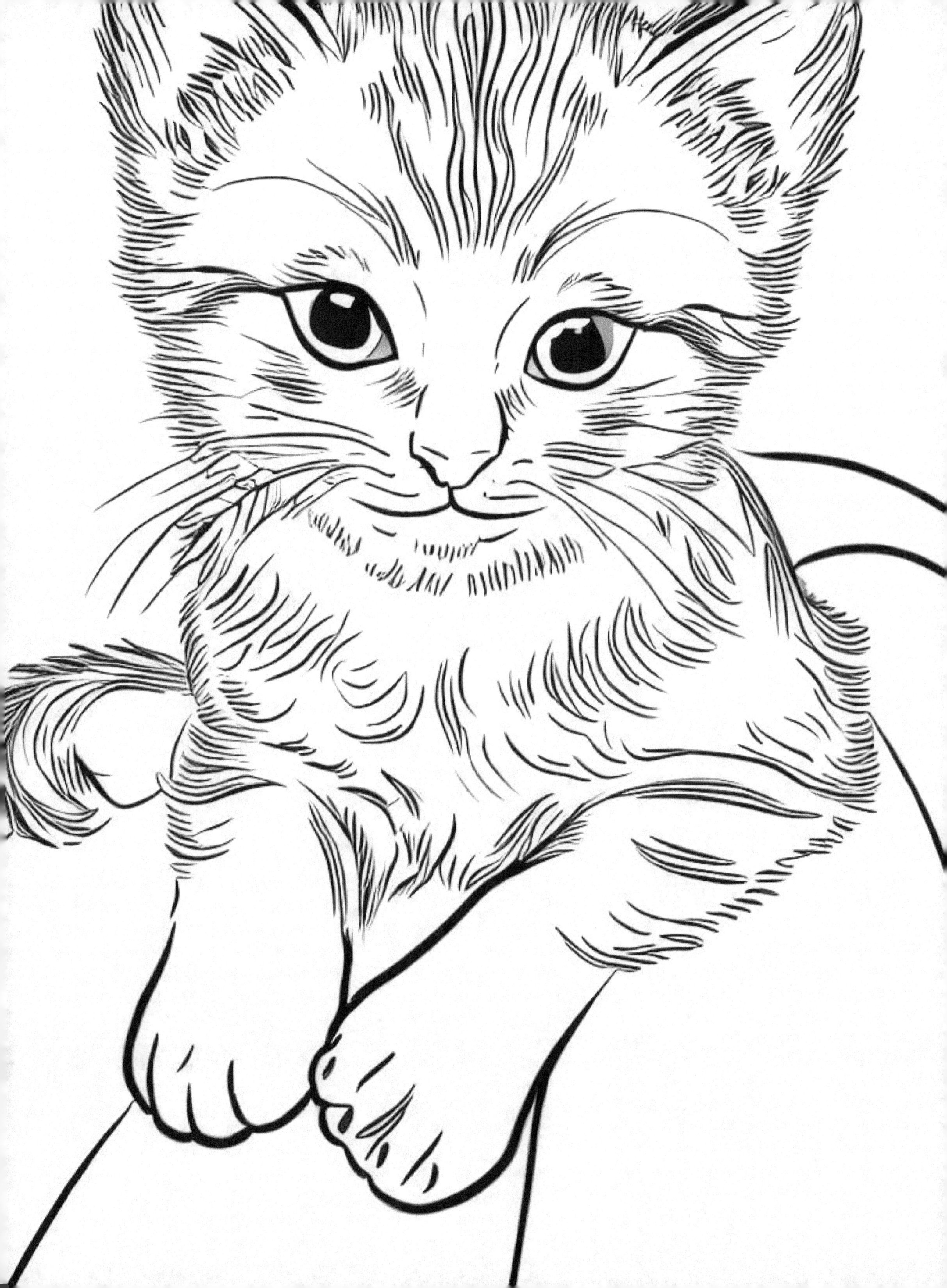

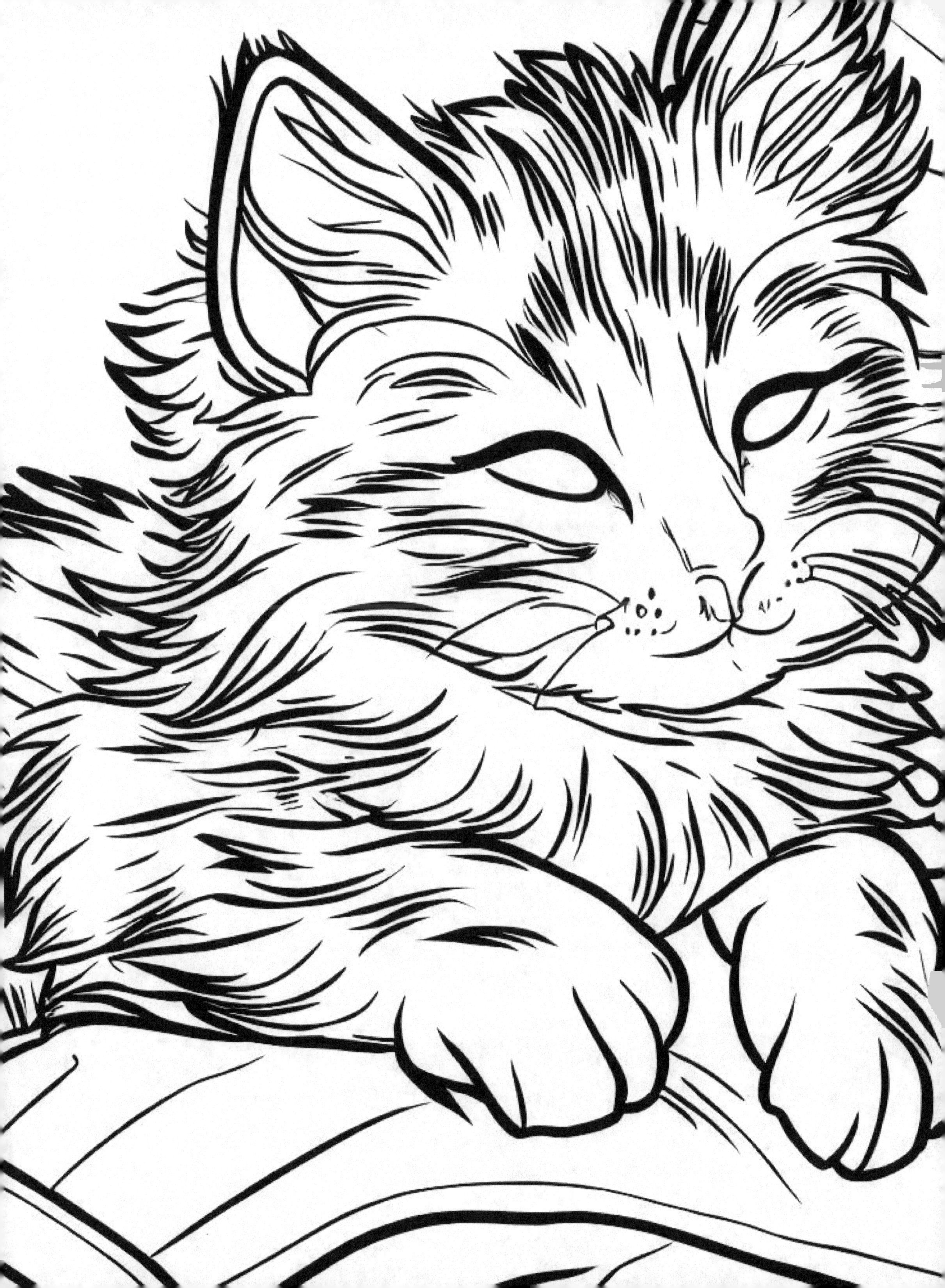

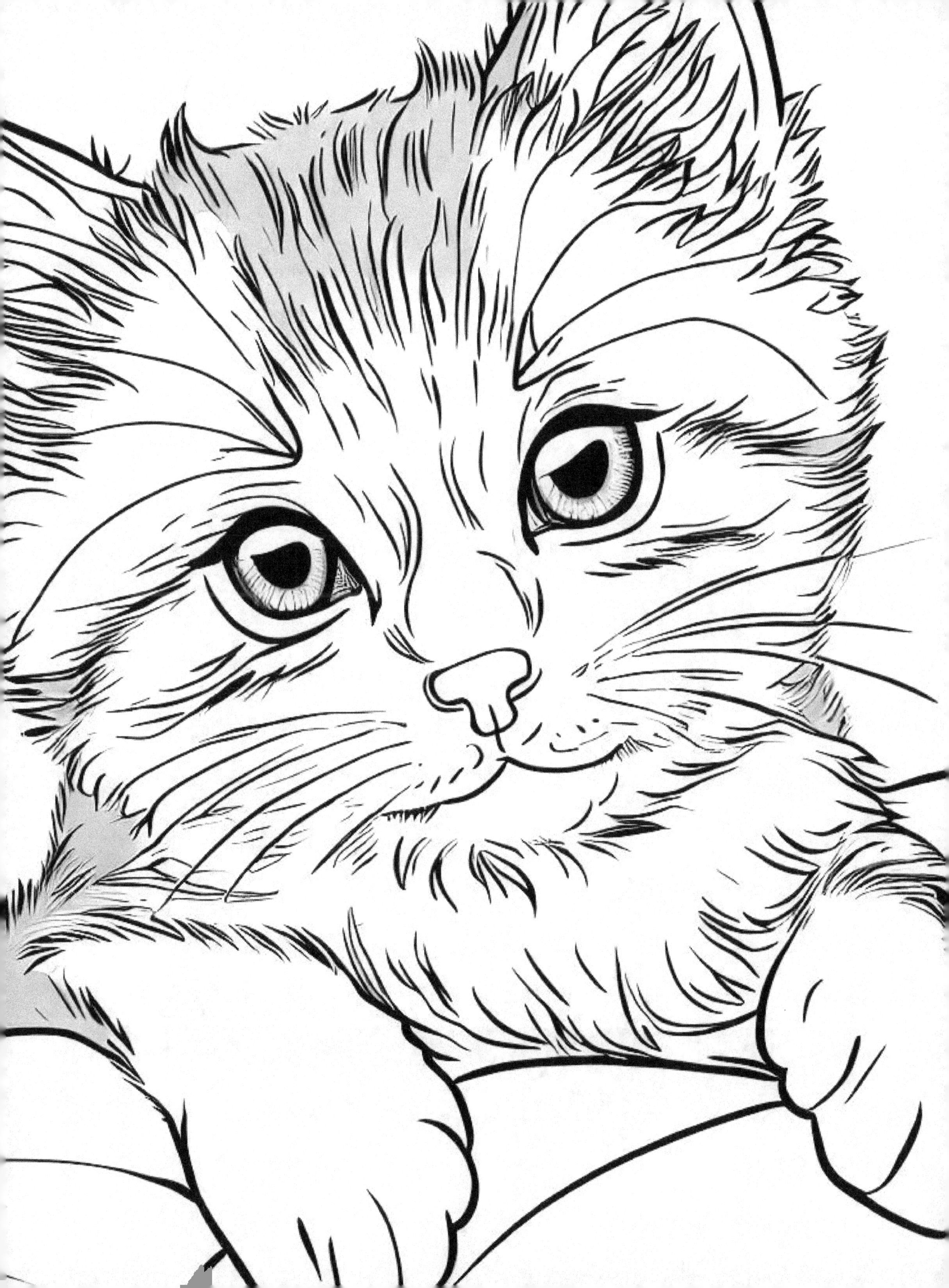

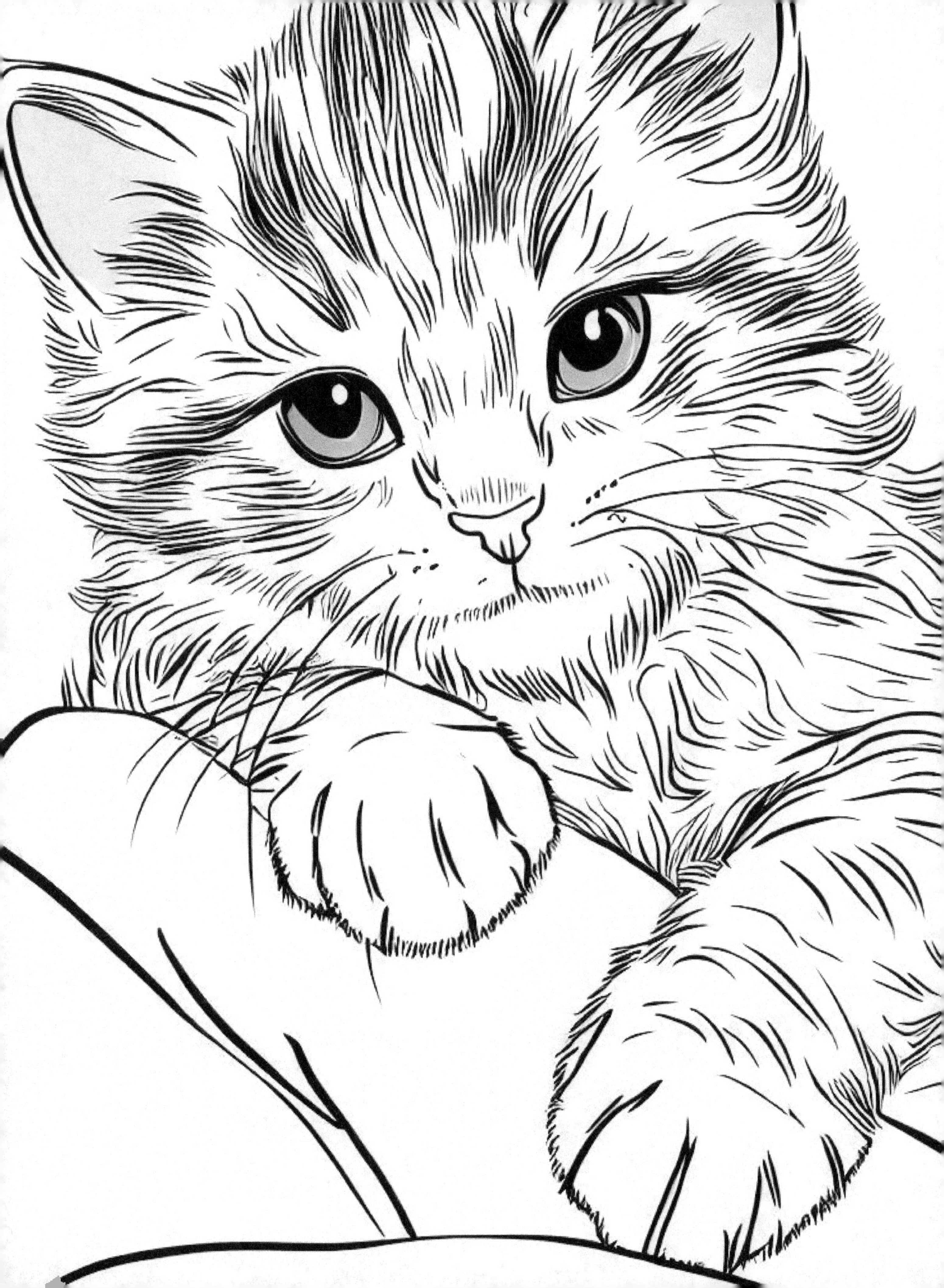

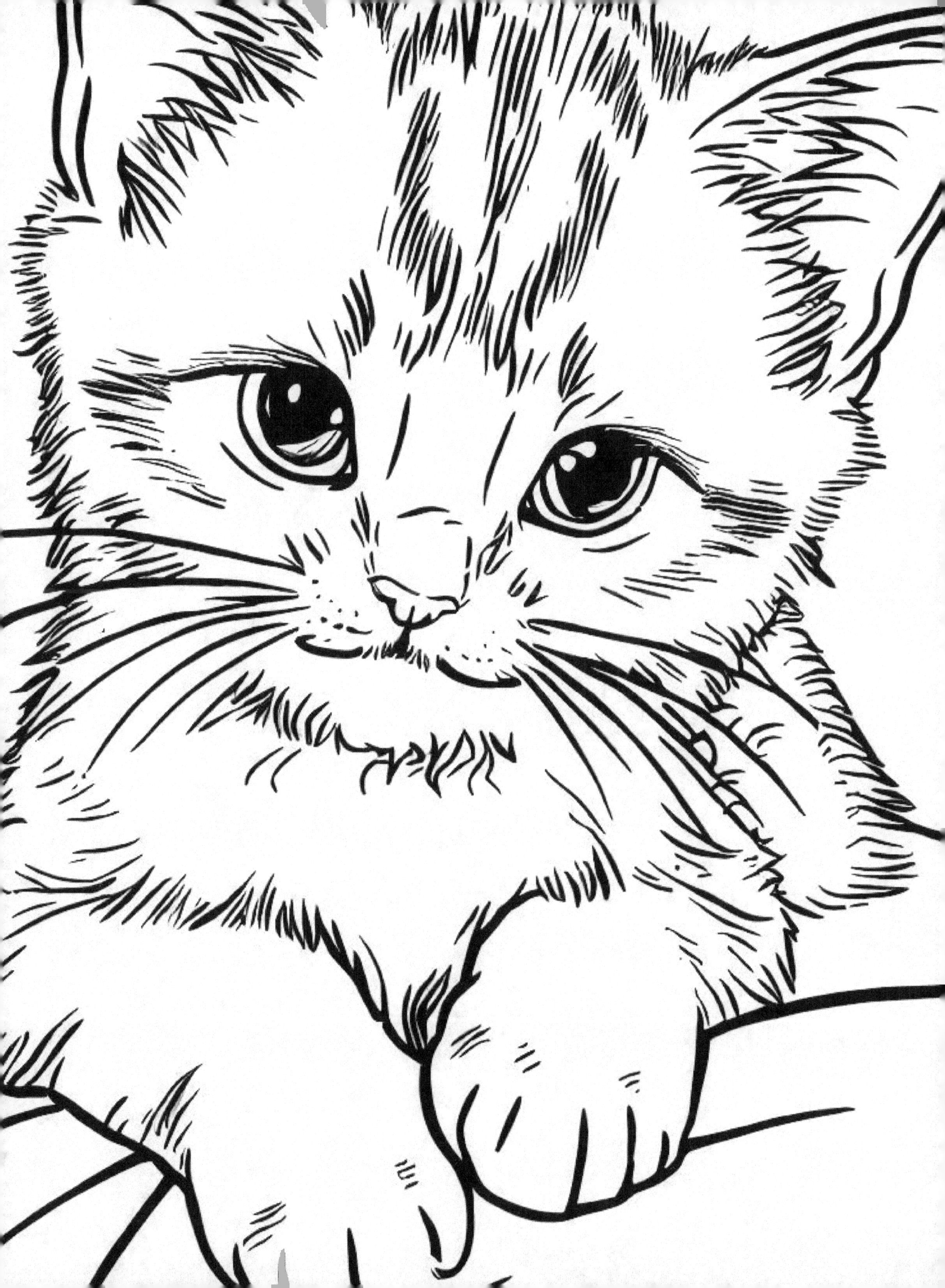

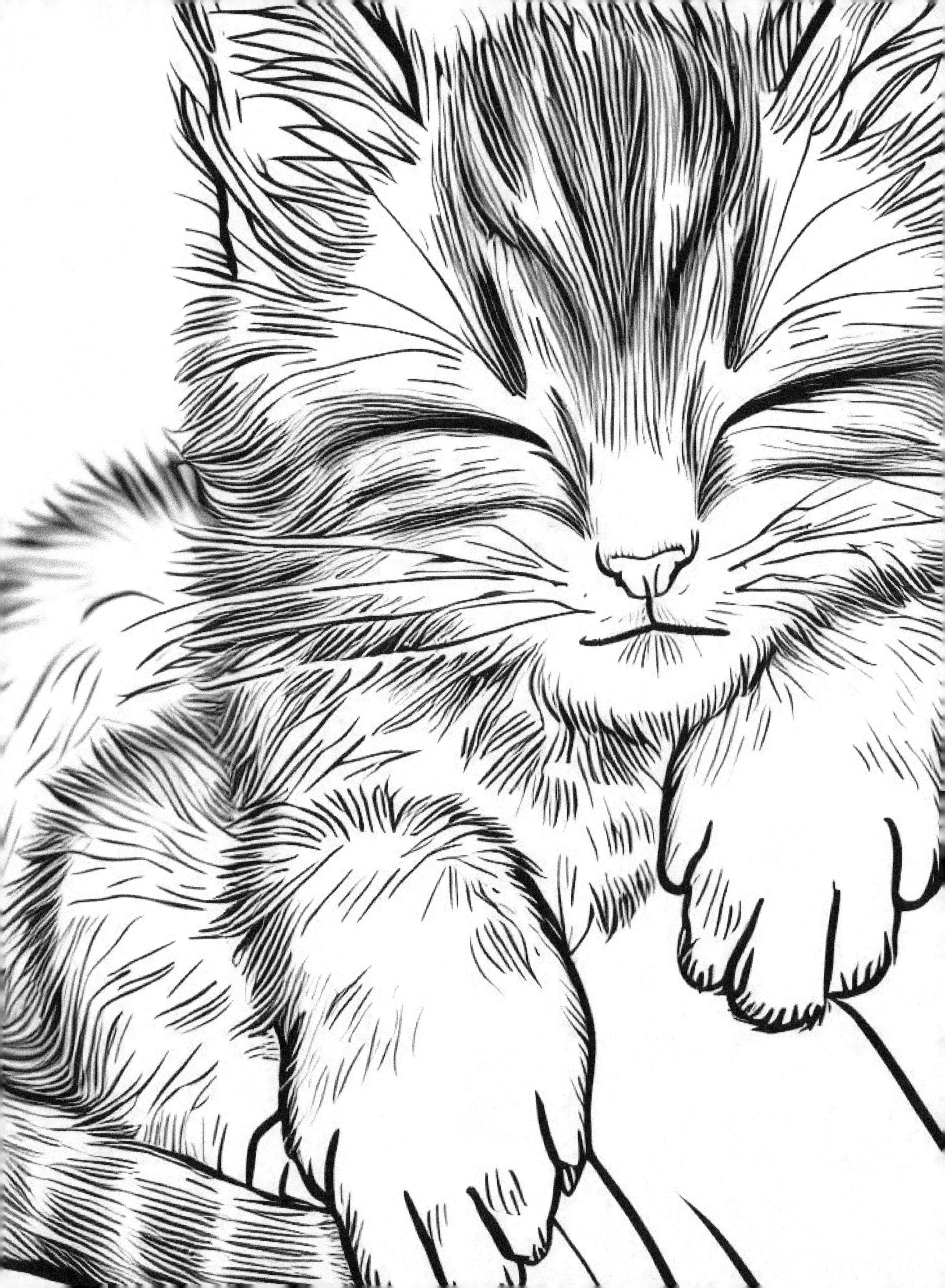

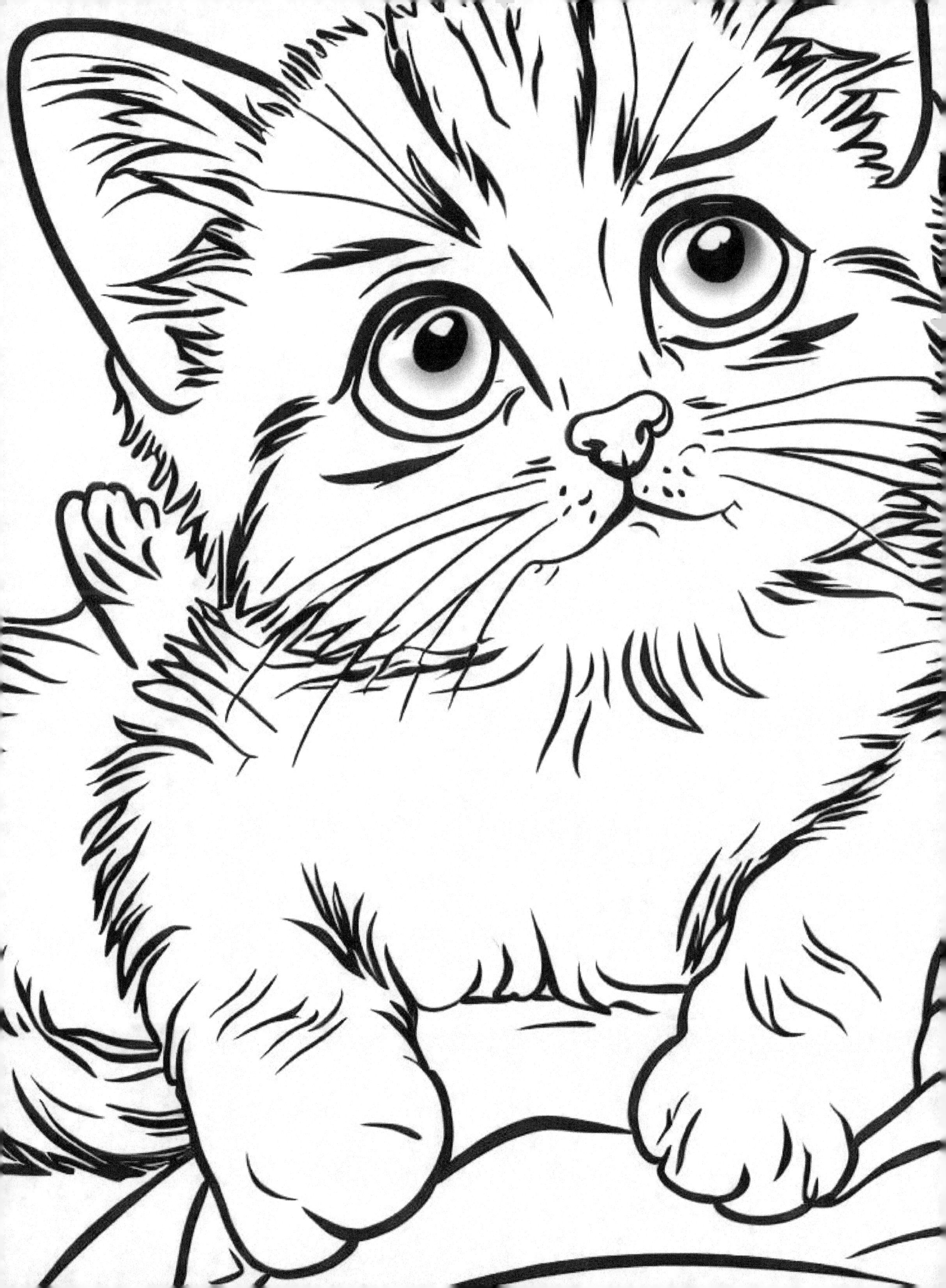

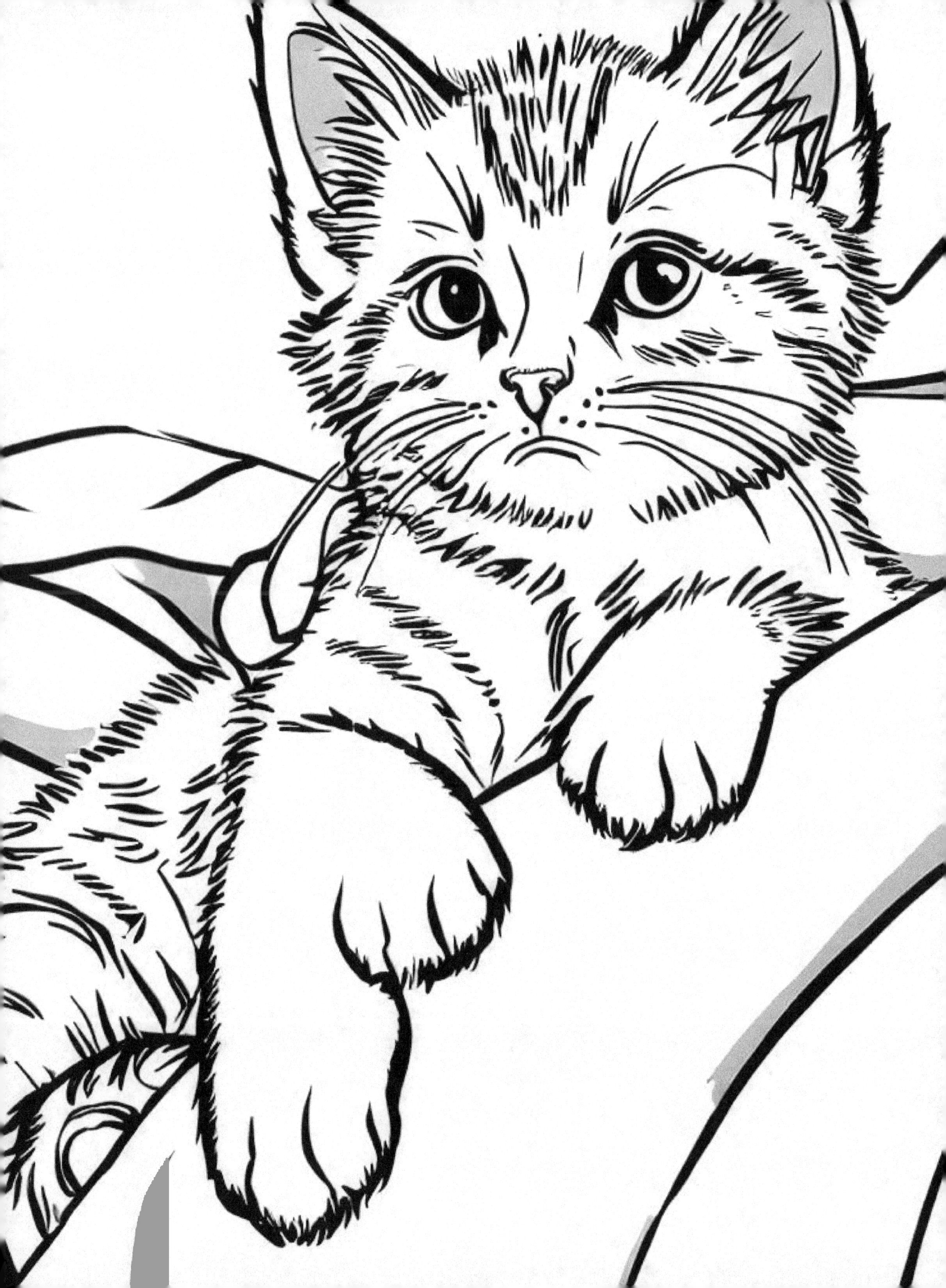

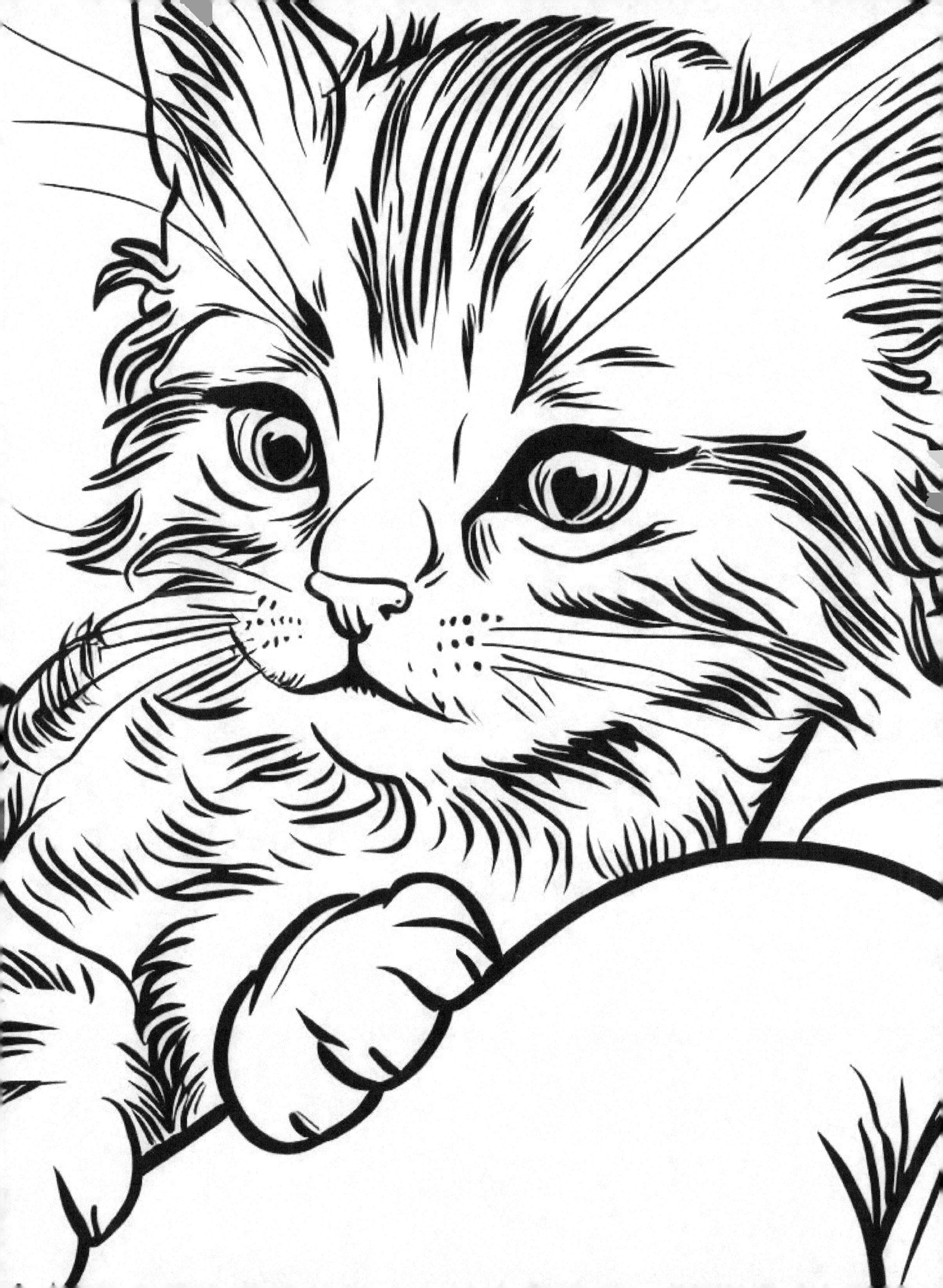

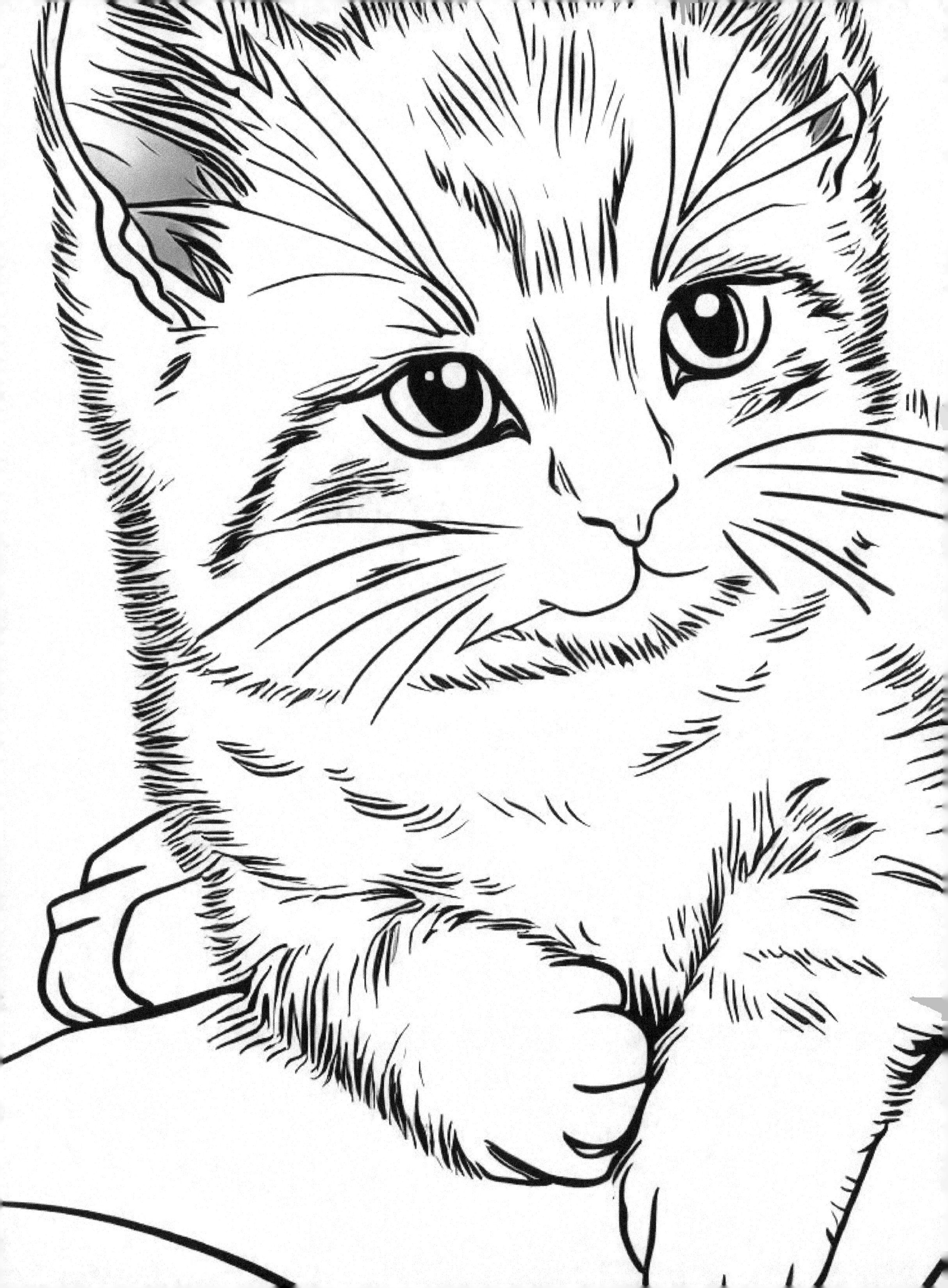

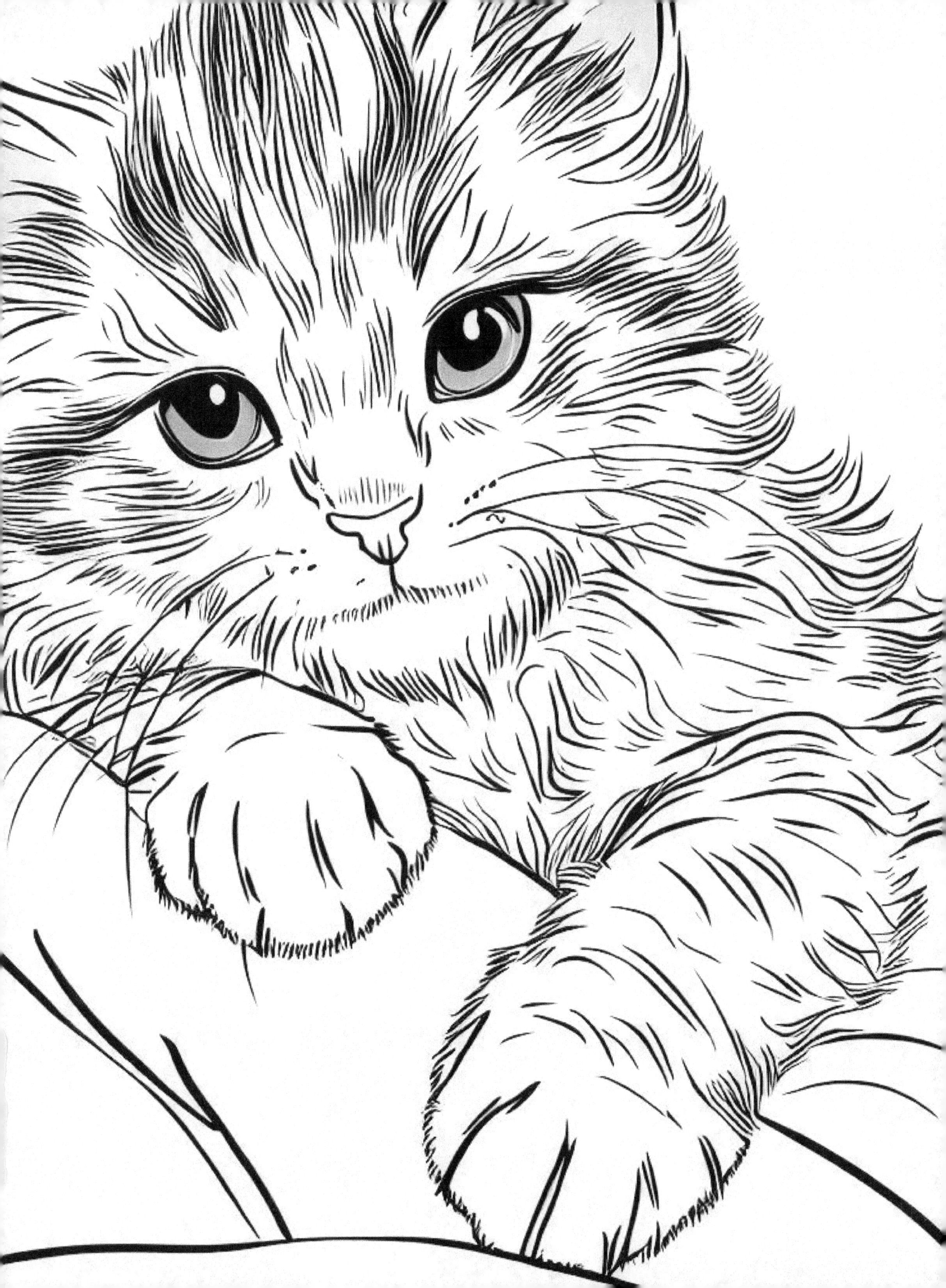

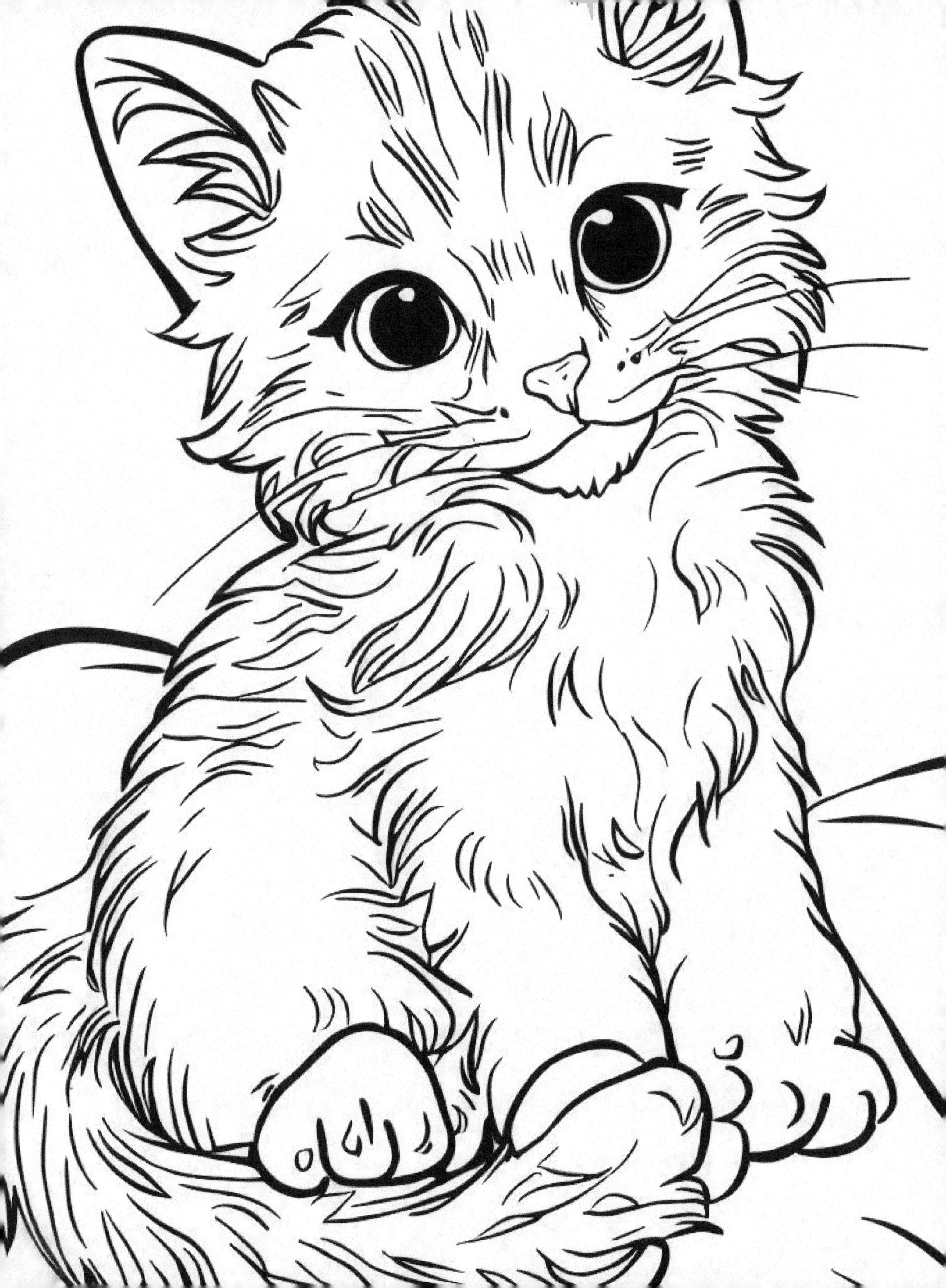

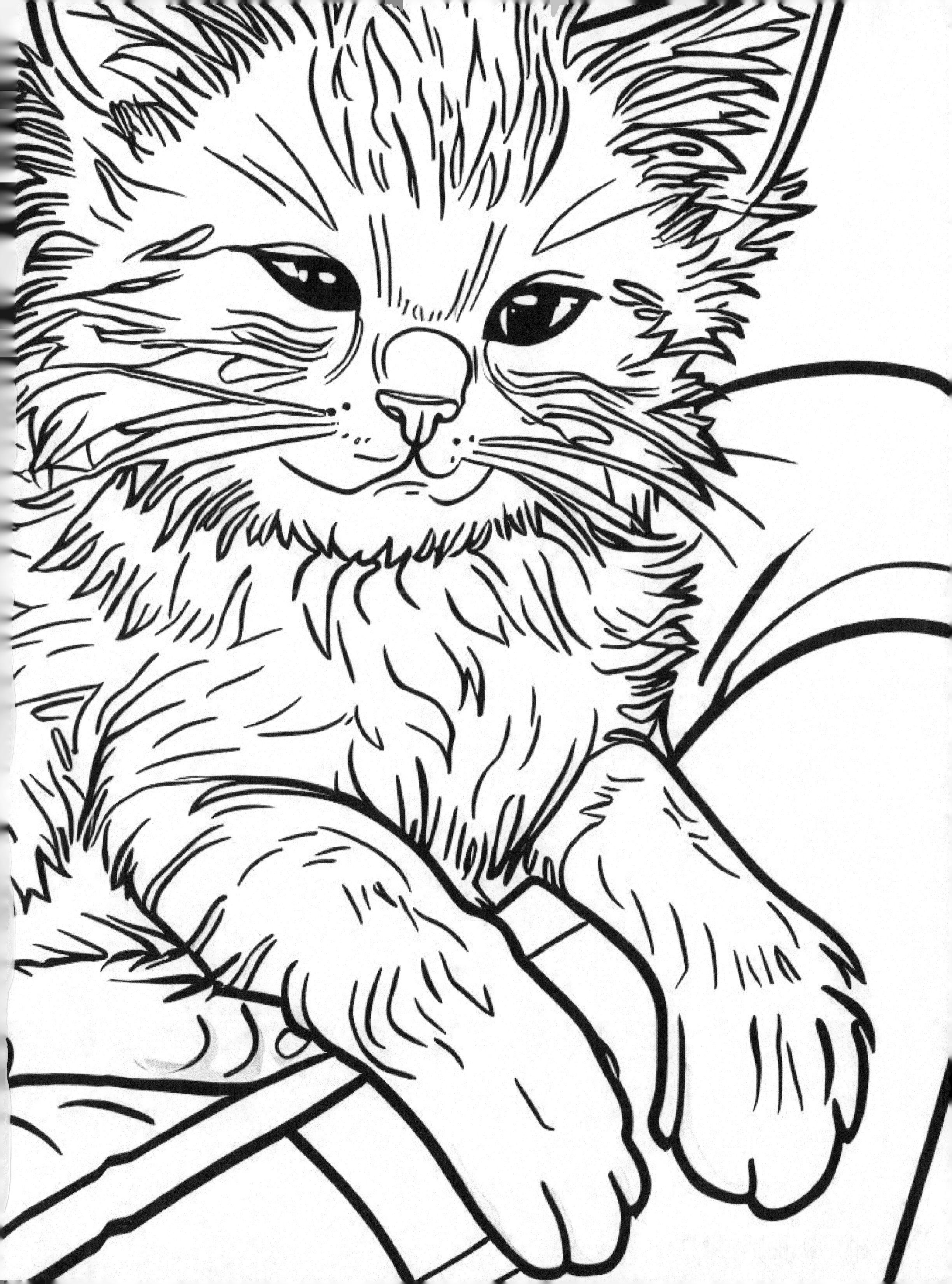

www.ingramcontent.com/pod-product-compliance
Lightning Source LLC
Chambersburg PA
CBHW080601220526
45466CB00010B/3215
* 9 7 9 8 3 9 6 7 6 1 9 7 1 *